远去的背影 文化的神韵

中国传统民俗文化——人物系列

中国古代太监

徐静茹 ◎ 编著

中国商业出版社

图书在版编目（CIP）数据

中国古代太监/徐静茹编著. —— 北京：中国商业出版社，2014.12
ISBN 978–7–5044–8497–0

Ⅰ. ①中… Ⅱ. ①徐… Ⅲ. ①宦官–研究–中国–古代 Ⅳ. ①D691.42

中国版本图书馆 CIP 数据核字（2014）第 299292 号

责任编辑：刘洪涛

中国商业出版社出版发行
010–63180647　www.c–cbook.com
（100053 北京广安门内报国寺 1 号）
新华书店总店北京发行所经销
北京飞达印刷有限责任公司
*
710×1000 毫米　16 开　12.5 印张　200 千字
2015 年 1 月第 1 版　2015 年 1 月第 1 次印刷
定价：25.00 元
* * *
（如有印装质量问题可更换）

《中国传统民俗文化》编委

主　编　傅璇琮　著名学者，原国务院古籍整理出版规划小组秘书长，清华大学古典文献研究中心主任教授，原中华书局总编辑

顾　问　蔡尚思　著名历史学家，中国思想史研究专家
　　　　　卢燕新　南开大学文学院副教授
　　　　　王永波　四川省社会科学院文学研究所副研究员
　　　　　叶　舟　中国思维科学研究院院长，清华大学、北京大学特聘教授
　　　　　于春芳　北京第二外国语学院教授
　　　　　杨玲玲　西班牙文化大学文化与教育学博士

编　委　陈鑫海　首都师范大学中文系博士
　　　　　李　敏　北京语言大学古汉语古代文学博士
　　　　　赵　芳　出版社高级编辑，曾编辑出版过多部文化类图书
　　　　　韩　霞　山东教育基金会理事，作家
　　　　　陈　娇　山东大学哲学系讲师
　　　　　吴军辉　河北大学历史系讲师
　　　　　石雨祺　出版社高级编辑，曾编辑出版过多部历史类图书
　　　　　王　欣　全国特级教师

策划及副主编　王　俊

序 言

  中国是举世闻名的文明古国,在漫长的历史发展过程中,勤劳智慧的中国人,创造了丰富多彩、绚丽多姿的文化,可以说人创造了文化,文化创造了人,这些经过锤炼和沉淀的古代传统文化,凝聚着华夏各族人民的性格、精神、智慧,是中华民族相互认同的标志和纽带。在人类文化的百花园中摇曳生姿,展现着自己独特的风采,对人类文化的多样性发展做出了巨大贡献。中国传统民俗文化内容广博,风格独特,深深地吸引着世界人民的眼光。

  正因如此,我们必须深入学习贯彻十八届三中全会精神,按照中央的规定,加强文化建设。2006 年 5 月,时任浙江省委书记的习近平同志就已提出:"文化通过传承为社会进步发挥基础作用,文化会促进或制约经济乃至整个社会的发展。"又说:"文化的力量最终可以转化为物质的力量,文化的软实力最终可以转化为经济的硬实力"(《浙江文化研究工程成果文库总序》)。今年他去山东考察时,又再次强调:中华民族伟大复兴,需要以中华文化发展繁荣为条件。

  学习习近平同志的重要讲话,确可体会到,在政治、经济、军事、社会和自然要素之中,文化是协调各个要素协同发展、相关耦合的关健。正因为此,我们应该对华夏民族文化进行广阔、全面的检视。我们应该唤醒我们民族的集体记忆,复兴我们民族的伟大精神,发展和繁荣中华民族的优秀文化,为我们民族在强国之路上阔步前行创设先决条件。

实现民族文化的复兴,更必须传承中华文化的优秀传统。现代中国人,特别是年轻人,对传统文化十分感兴趣,蕴含感情。但当下也有人对具体典籍、历史事实不甚了解,比如说,中国是书法大国,谈起书法,有些人或许只知道些书法大家如王羲之、柳公权等等的名字,知道《兰亭集序》是千古书法珍品,仅此而已。再比如说,我们都知道中国是闻名于世的瓷器大国,中国的瓷器令西方人叹为观止,中国也因此而获得了"瓷器之国"(英语 china 的另一义即为瓷器)的美誉。然而关于瓷器的由来、形制的演变、纹饰的演化、烧制等等瓷器文化的内涵,就知之甚少了。中国还是武术大国,然而国人的武术知识,或许更多地来源于一部部精彩的武侠影视作品,对于真正的武术文化,我们也难以窥其堂奥了。我们还是崇尚玉文化的国度,我们的祖先,发现了这种"温润而有光泽的美石",并赋予了这种冰冷的自然物以鲜活的生命力和文化性格,例如"君子当温润如玉"、女子应"冰清玉洁"、"守身如玉";"玉有五德",即"仁"、"义"、"智"、"勇"、"洁",等等。今天,熟悉这些玉文化的内涵的国人,也为数不多了。

也许正有鉴于此,有忧于此,近年来,已有不少有志之士,开始了复兴中国传统文化的努力,读经热开始风靡海峡两岸,不少孩童乃至成人,开始重拾经典,在故纸旧书中品味古人的智慧,发现古文化历久弥新的魅力。电视讲坛里一波又一波对古文化的讲述,也吸引着数以万计的人们,重新审视古文化的价值。现在放在读者眼前的这套"中国传统民俗文化丛书",也是这一努力的又一体现。我们现在确应注重研究成果的学术价值和应用价值,充分发挥其认识世界、传承文化、创新理论、咨政育人的重要作用。

中国的传统文化内容博大,体系庞杂,该如何下手,如何呈现?这套丛书处理得可谓系统性强,别具心思。编者分别按物质文化、制度文化、精神文化等方面来分门别类地进行组织编写,例如在物质文化的层面,就有中国古代纺织、中国古代酒具、中国古代农具、中国古代青铜器、中国古代钱币、中国古代石刻、中国古代木雕、中国古代建筑、中国古代砖瓦、中国古代玉器、中国古代陶器、中国古代漆器、中国古代桥梁等等。

在精神文化的层面，就有中国古代书法、中国古代绘画、中国古代音乐、中国古代艺术、中国古代篆刻、中国古代家训、中国古代戏曲、中国古代版画等等；在制度文化的层面，就有中国古代科举、中国古代官制、中国古代教育、中国古代军队、中国古代法律等等。

此外，在历史的发展长河中，中国各行各业还涌现出一大批杰出的人物，至今闪耀着夺目的光辉，启迪后人，示范来者，对此，这套丛书也给予了应有的重视，中国古代名将、中国古代名相、中国古代名帝、中国古代文人、中国古代高僧等等，就是这方面的体现。

生活在21世纪的我们，或许对古人的生活颇感好奇，他们的吃穿住用如何？他们如何过节？如何安排婚丧嫁娶？如何交通？孩子如何玩耍？等等。这些饶有兴趣的内容，这套中国传统民俗文化丛书，都有所涉猎，例如中国古代婚姻、中国古代丧葬、中国古代节日、中国古代风俗、中国古代礼仪、中国古代饮食、中国古代交通、中国古代家具、中国古代玩具、中国古代鞋帽等等，这些书籍介绍的，都是人们深感兴趣，平时却无从知晓的内容。

在经济生活的层面，这套丛书安排了中国古代农业、中国古代纺织、中国古代经济、中国古代贸易、中国古代水利、中国古代车马、中国古代赋税等等内容，足以勾勒出古人经济生活的主要内容，让今人得以窥见自己祖先曾经的经济生活情状。

在物质遗存方面，这套丛书则选择了中国古镇、中国古楼、中国古寺、中国古陵墓、中国古塔、中国古战场、中国古村落、中国古街、中国古代宫殿、中国古代城墙、中国古关等内容。相信读罢这些书，喜欢中国古代物质遗存的读者，已经能大致掌握这一领域的大多数知识了。

除了上述内容外，其实还有很多难以归类却饶有兴趣的内容，例如中国古代的乞丐这样的社会史内容，也许有助于我们深入了解这些古代社会底层民众的真实生活情状，走出武侠小说家们加诸他们身上的虚幻不实的丐帮色彩，还原他们的本来面目，加深我们对历史真实的了解。继承和发扬中华民族几千年创造的的优秀文化和民族精神是我们责无旁贷的历史责任。

不难看出,单就内容所涵盖的范围广度来说,有物质遗产,有非物质遗产,还有国粹。这套丛书无疑当得起"中国传统文化的百科全书"的美誉了。这套书还邀约了大批相关的专家、教授参与并指导了稿件的编写工作。应当指出的是,这套书在写作中,既钩稽、爬梳大量古代文化文献典籍,又参照近人与今人的研究成果,将宏观把握与微观考察相结合。在论述、阐释中,既注意重点突出,又着重于论证层次清晰,从多角度、多层面对文化现象与发展加以考察。这套丛书的出版,有助于我们走进古人的世界,了解他们的美好生活,去回望我们来时的路。学史使人明智。历史的回眸,有助于我们汲取古人的智慧,借历史的明灯,照亮未来的路,为我们中华民族的伟大崛起添砖加瓦。

是为序。

傅璇琮

2014年2月8日

前　言

　　太监就是宦官，指古代宫廷中侍奉君主及其家族成员的人，由被阉割的男子充任。在中国长达数千年的文明史中，太监制度始终与君主制度紧密联系在一起，成为整个国家政治制度的一个重要组成部分。

　　中国太监与太监制度，经历了漫长的发展过程。在先秦时期，太监制度基本上处于萌芽状态，一切尚未形成定制。秦汉之后，随着封建专制皇权体制的确立，宦官制度也开始建立并日益发展。在东汉、晚唐和明朝时期，中国先后出现了三次宦官乱政的高潮，给社会政治、经济造成严重危害。宦官乱政的方式无非三种：一是引导皇帝耽于玩乐，使其荒废国事、远离朝臣，再从中捞取权力；二是利用职务之便，蒙蔽皇帝，勾结外朝，达到操纵权柄的目的；三是直接出将入相，甚至挟持皇帝，掌控朝政大权。

　　在中国历史上，先后出现了一大批权阉。如秦二世时，太监赵高指鹿为马，玩弄皇帝于股掌之间。东汉时期，"五侯"、"十常侍"等太监权势炙人，连皇帝都要称其为父母。晚唐时期，太监可以对皇帝任意废立与杀戮，气焰嚣张。明朝时期，权阉更是一个接着一个，太监刘瑾被称为"立地皇帝"，魏忠贤被称为"九千岁"，其权势可见一斑。历朝权阉都享有极高的政治、经济和社会地位，他们利用手中权力，卖官鬻爵，贪污纳贿，聚敛了大量财富，基本上个个都是富翁。权阉们凭借自己的权势与财富，过着锦衣玉食的生活，甚至可以纳妻养子，擅作威福，横恣淫虐。

从总体上看，太监是一群不幸者，他们的身心遭受严重摧残，遭遇也令人同情。伟大的史学家、文学家司马迁遭受宫刑后，视之为奇耻大辱，曾悲愤地指出："行莫丑于辱先，诟莫大于宫刑。"

　　在中国历史上，除了少数权阉外，绝大多数太监都是帝王家族的下贱奴隶，在宫中担当杂役，默默无闻地奉献人生。特别值得一提的是，中国的太监群体中，也走出了不少英杰之士。如东汉时期发明造纸术的蔡伦、明初七下西洋的郑和等人，为人类文明的发展作出了巨大贡献。此外，后唐的张承业、清末的寇连材等太监，也为国家和民族作出了独特的贡献，同样值得人们尊敬与纪念。

　　太监制度是中国君主专制机体上滋生出来的一颗难以清除的毒瘤。其危害之深广，在世界上独一无二，可说是中国历史的不幸。且其在中国历史上存留时间之久，也是世界上仅见的一种奇特社会现象。由于宦官制度满足了专制制度的需要，因而它与专制制度形影相随。随着专制制度的不断发展变化，太监人数也日益增多，太监制度也日趋完备。一批批被阉割了的男人在宫中服役，有的还参与政治斗争，对中国社会的历史进程产生了不可忽视的影响。

　　《中国古代太监》一书共分两大部分。第一部分简要介绍了太监的产生与演变，以及太监制度的来龙去脉、太监的畸形人生；第二部分根据太监的功过与品行，选择性地介绍了几十名载诸史册的太监。在编写过程中，尽可能地遵循、依据史实，褒贬分明，客观评述，力图还原一个真实的太监世界。由于直到明清时期，宦官才统称为太监，所以，本书在讲述太监史沿革时，对明代以前的太监，袭用古代的习惯多采用"宦官"一词；对明清以来的宦官，多采用"太监"一词。

目录

第一章　古代太监概述

第一节　太监的产生与来源 …… 2
太监产生的根源 …… 2
太监称谓的演变 …… 4
太监的来源 …… 6
宫廷内外两重天 …… 8

第二节　太监机构的演变 …… 11
少府和大长秋 …… 11
内侍省 …… 12
二十四衙门 …… 13
内务府 …… 17

第三节　古代太监的生活 …… 19
太监的生理与心理特征 …… 19
古代太监的信仰 …… 20
太监的婚姻与家庭 …… 23

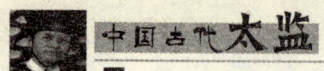

古代太监的衣食住行 …………………………………………… 26
太监的闲暇娱乐 ……………………………………………… 30
太监的命运与结局 …………………………………………… 31

第二章 十恶不赦，恶贯满盈——历史上的奸宦

第一节 祸国殃民、图谋不轨的太监 …………………… 36

窃弄国柄，荼毒生民——赵高 ……………………………… 36
公报私仇，民族罪人——中行说 …………………………… 41
祸乱朝政，弑帝害王——宗爱 ……………………………… 46
废弑君王，专擅朝政——王守澄 …………………………… 50
挟帝杀相，贪酷残暴——仇士良 …………………………… 53
"土木之变"的罪魁祸首——王振 …………………………… 57
夺门功臣，谋反伏诛——曹吉祥 …………………………… 62
"八虎"之首，"立地皇帝"——刘瑾 ………………………… 65
专断国政，十恶不赦——魏忠贤 …………………………… 70

第二节 欺上凌下、窃弄权柄的太监 …………………… 77

独专国政，危害朝廷——黄皓 ……………………………… 77
谋害国家，郁郁而终——石显 ……………………………… 78
结党营私，劣迹斑斑——张让 ……………………………… 83
作恶多端，丑陋一生——李辅国 …………………………… 87
染指军权，权势炙人——鱼朝恩 …………………………… 92
好战分子，玩火自焚——童贯 ……………………………… 97

目录

擅作威福，祸国殃民——汪直 …… 104

第三节 搜刮无度、横行不法的太监 …… 108

成也女人，败也女人——刘腾 …… 108

贪财取祸，祸乱朝纲——冯保 …… 114

敲骨吸髓，疯狂敛财——高淮 …… 118

贵敌王侯，富埒天子——张兰德 …… 123

第四节 祸乱后宫、毁誉参半的太监 …… 128

淫乱后宫，图谋不轨——嫪毐 …… 128

亦忠亦奸，亦奴亦将——高力士 …… 131

臭名昭著，身首异处——安德海 …… 135

邀宠有道，八面玲珑——李莲英 …… 139

第三章 清正廉明，身残志坚——历史上的贤宦

第一节 忠贞为国、直言敢谏的太监 …… 146

慧眼识人，推荐贤才——景监与缪贤 …… 146

谦虚谨慎，敢于直谏——李邦宁 …… 148

辽阔海洋写史诗——郑和 …… 150

忠贞善谏，严于利己——张承业 …… 155

耿直力谏，廉洁不贪——怀恩 …… 157

爱国忧民，舍身死谏——寇连材 …… 160

第二节 有勇有谋、多才多艺的太监 …… 163

忍辱负重，历史之父——司马迁 …… 163

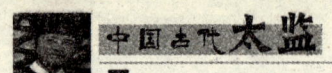

协律都尉,陪葬茂陵——李延年 …………………… 167

富于才智,勇于革新——刘承规 …………………… 169

水利专家,人民福星——程昉 ……………………… 172

造纸术的发明者——蔡伦 …………………………… 174

清介善谋,建筑奇才——阮安 ……………………… 179

参考书目 …………………………………………… 183

古代太监概述

　　太监作为一类人群,是社会发展到特定阶段的产物。在中国历史上,在封建社会消亡之前,没有宦官的时代不多。太监,作为帝王与后妃的奴仆,支撑着皇家宫殿那广厦高台的金碧辉煌,成就了皇宫内统治者舒适优裕的生活条件。

第一节
太监的产生与来源

太监产生的根源

太监,也称宦官、寺人、阉人、内监等,专指被阉割后失去性能力,用于管理皇宫内部事务,承担各种役使,侍奉皇帝、后妃及皇族成员的奴仆群体的总称。在古代,奴仆是替人做低贱杂役的人。太监之所以被称为特殊的奴仆,就在于他所服侍的主人,是拥有天下所有财富和最高权力的君主。正因为他居于古代国家的最高权力圈之中,在一定程度上扮演着国家官员的角色,所以也冠以"官"字,称作宦官,以示其身份的特殊性。

中国太监现象持续了4000年左右。《周礼》是记载中国太监的最早史籍。学术界一般认为,在夏商时期,随着国家的产生,后世太监的雏形也随之出现了。太监的职能随着社会的发展而不断变化和完善。

中国古代社会实行父权家长制与宗法制,两者有一个共同的支撑点,那就是必须确保各自继承人血统的纯正性。为了确保子嗣不绝,专制君主在其后宫中广纳妻妾,出现了男女比例严重失调的奇特现象。民间常有"后宫粉黛三千"的说法,事实上,后宫人数远远高于这一数目。如秦始皇时期后宫妇女达万余人之多,唐玄宗时高达4万人之多。

成千上万的后宫妇女只有一个男人,那就是专制君主。然而,专制君主即使自诩为天之子,他的精力毕竟有限,不可能光顾并青睐每一位后宫妇女。许多女子入宫后,就如同被软禁一般,没有任何人身自由,过着囚徒般的生活。相当一

第一章 古代太监概述

部分后宫妇女甚至到死也见不到皇帝一面,这就必然出现"宫内多怨女"的局面。为了隔离后宫妇女,防范她们与其他男性接触,帝王们制订了极为严厉的宫禁制度。

 知识链接

何为宫禁

对于帝王与其后妃居住的场所,因其戒备森严,臣下不得任意出入,故称宫禁。古代天子的居处称"禁","禁"亦成为帝王专用字之一。皇宫亦称"禁中"、"禁内"、"禁省"、"禁城"、"禁掖"、"禁闱"等,天子的卫兵称"禁兵"、"禁军"、"禁旅"、"禁卫",天子的园林称"禁林"、"禁地"、"禁苑"。一个"禁"字淋漓尽致地揭示了古代帝王的贪婪、自私、多疑、胆怯和残暴等诸多本性。

太监是古代帝王确保宫禁制度有效运行的主要力量之一,同时也是宫禁制度的主要组成部分。

早期宦官的职能在于掌管宫门的关闭。《说文》言:"阉,门竖也。宫中奄昏闭门者。"这从汉代宦官充任黄门令、中黄门诸官中可以得到引证。黄门为宫门,因此早期太监也称作"小黄门"。当然,宦官掌管宫门的关闭,绝不仅仅是早启晚关之意,其更深的含义在于监视出入宫门者。《礼记》中言:"为宫室,辨外内,男子居外,女子居内,深宫固门,阍寺守之。"掌管宫门的宦官主要还是替天子监守后宫妇女,使其不得与外界男性私通。也就是说,不仅深宫妇女不得随意出入宫门,宫外男性也不得随意进入后宫。为了确保帝王后妃的贞洁和皇室血统的纯正性,防止宫女、后妃与男子私通,同时又能承担宫中较为繁重的劳役,光靠宫女是不够的。最好的办法便是找到一种

唐明皇蜡像宫太监蜡像

失去性能力的人，既能监视宫中女性，又能干那些粗重的活，还能沟通宫廷与朝廷、皇室与民间的关系，这就只有那些被阉割了的男人——太监这个群体就此产生了。

后来，随着宫殿规模的迅速扩大和后妃宫女人数的急速增多，对皇室特种奴仆——太监的需求量也大增。这样，太监的角色不知不觉中发生了新的变化。从此，宦官与皇帝、后妃一起，在中国封建政治舞台上演出了一幕幕惊心动魄的悲喜剧。

太监是君主专制制度的附属品和牺牲者。一方面他们被剥夺了作为人的最基本的权利，没有独立的人格，只是君主及其后妃役使的工具。但另一方面，由于太监常在皇帝身边，掌握着皇帝的生活起居，这使他们常常能够起到一般人起不到的作用。因此，太监常被一些王公贵戚、文臣武将利用，成为争权夺利的工具和牺牲品。与此同时，他们自己也不甘居于人下，会争夺帝王的实际统治权，形成宦官专权。可见，太监制度依附于君主专制制度而存在，它既是封建君主维护其特权地位的工具之一，也会在一定时期、一定条件下对君权乃至君主本人构成某种危害。

太监称谓的演变

在中国历代有关史籍以及古人的世俗用语中，太监有着众多的名称，多达数十种。如：

寺人："寺人"是太监的早期称谓。原泛指奴隶制时代宫廷内供使令的近侍小臣，后专指经过阉割的宦官。

宦官：又作"宦者"、"宦人"。"宦"的字义，原本包括臣隶、仕官等。自战国秦汉之后，宦官、宦者始渐成为阉人的专称。在战国之后、清代之前的官方文书中，宦官和宦者是通常的正规称呼。

第一章 古代太监概述

阉人：又作"阉官"、"阉尹"、"奄人"、"奄官"、"椓人"等，就是去势的男子。椓，本为刑名，即割去男性生殖器的宫刑。椓人，意同阉人。

腐人：又作"腐夫"，腐人由腐刑而得名。腐刑即宫刑。

中官：又作"中人"、"中臣"、"中使"、"中贵"、"中涓"、"内官"、"内臣"、"内侍"、"内监"等。太监多在宫中内廷服役，相对于外朝外廷而言，故多以"中"、"内"名之。太监充使称中使，权贵太监称中贵。中涓本为官名，原非专指阉人，后则一般用作太监之称。

太监："太监"本为古代职官名称，如唐代、辽代均有太监官职的设置。后世始以太监专指宦官。明代建置了由宦官所领的二十四衙门，各设掌印太监等，承担在内廷侍奉君主及其家族的役职。太监初为上层宦官，清代则以太监作为全体宦官的一般通称。

知识链接

为何将太监称作公公

公公是对太监的尊称，因为太监，特别是高级太监最接近皇帝，权势极大，最了解皇帝的心思，在朝为官者有些时候不得不依靠太监揣摩皇帝的心思，或者借助大太监的权势往上爬。要是直呼其为太监，那是在侮辱他，所以尊称为公公，以示尊敬。至于"公公"的称谓到底何时开始，由何而来，这个就不得而知了。

宫廷中的太监彼此之间一般都以"爷"互称。遇到辈分比自己高的太监称"师父"，对外人则通常自我谦称为"刑余之人"。

历史上一般将东汉以前的阉人称之为宦官。汉代以后，宦官机构名称称"监"者零星出现，但还没有宦官称"太监"者。"太监"一词最早见于辽代官制中。

辽代官制分为南、北两院，实行"胡汉分治"的不同制度。"北面官"为契丹传统制度，来统治契丹等族；"南面官"模仿唐制而设，作为统治汉人的行政机构。在南面官制中，设有太府监、少府监、秘书监等机构，其官衔皆冠以"太监"之名。元代也是如此，但是担任这些机构的官员并不都是阉人，所以，太监亦不能用作宦官的专称。到了明代，"太监"一职成为宦官二十四衙门头目的专称，如司礼监太监、内官监掌印太监、御马监提督太监等。担任明代太监者只能是宦官，"太监"一职便成为明代众多宦官追逐的对象，明代太监成为庞大的宦官群体中为数不多的有权有势者的代名词，是有职权的宦官，也就是高级阉人。由于太监职务有限，明代数万名宦官只有千分之几的宦官才有可能成为太监，其争权夺势的激烈程度可想而知。

到了清朝，在改革宦官制度之后，明代太监官职被革除，隶属于内务府之下的宦官机构。敬事房的头目不称太监，而是称总管、副总管、执守侍等，太监便成为对所有宦官的总称，不论有无官职，都可以称为太监。

太监的来源

中国古代的宦官，主要源于被阉割的战俘、遭受宫刑的罪犯、自宫投充者、各地进献的阉人、强行阉割的民众等几种类型。在不同时期，这几种类型都同时存在，只是所占的比例不一样。

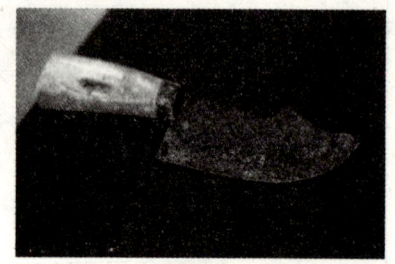

阉割刀

1. 被阉割的战俘

我国古代战争频繁，战败一方的壮年男子和幼童有时会被阉割，成为战胜者王宫内苑的奴隶。这是中国早期宦官的主要来源。

2. 受过宫刑的罪犯

宫刑是破坏男女罪犯生殖机能的一种酷刑。具体言之，就是"男子去势，

第一章 古代太监概述

女子幽闭"。宫刑又称腐刑,最初为淫刑,主要用来惩治男女之间的淫罪,以此来维护一夫一妻制的婚姻关系。后来施行范围扩大,非淫罪者亦被施以宫刑,成为仅次于死刑的一种刑罚,并常常用来作为减死之刑,使犯死罪者断子绝孙,虽生犹死。在宗法制的氛围中,受此刑者要经受人间奇耻大辱的煎熬。隋代废除宫刑后,宫刑罪犯在宦官来源中所占的比例遂越来越小。

 3. 进献的阉人

进献而来的宦官,也有多种不同情况。一是由王公、将领以及地方长官进献。此种情况,唐代和明代较为普遍。所进献者,或为抢掠而来,或为购买而来。清代宫廷宦官因缺额而不敷使用时,亦从王公私宅役使的宦官中征召。二是由宦官进献。如唐代宦官之养子多为阉童,后由养父进献历史上成为宦官,如田令孜、杨复恭等。三是由外国进献。朝鲜、越南等国都曾进献宦官。四是由民间包办阉割事务的机构进献。如清代北京城内曾有两家包办了民间的"净身"手续,并于每年各季度分别给总管内务府进献一定名额的太监。

 4. 宫廷招募

招募,即由宫廷到有关地区设行,招募宦官。如清代曾"设招募太监牙行二人,由大兴、宛平两县造册申送,每月各给钱粮一两";每招募太监一人,则给该牙行"赏制钱一串"(《钦定大清会典》)。

 5. 自阉投充

自阉投充,即由民间阉人自行投充。自宫为宦的现象,源于何时已不能确考。齐桓公手下的竖刁,是目前知道的最早自宫为宦而飞黄腾达之人。像这样希望入宫后能够一朝出人头地的投机小人,历代比比皆是,如明代的王振、魏忠贤,晚清的安德海、李莲英、小德张。在宦官权焰熏天的时代,自宫现象更为普遍,如东汉、中晚唐、明代。明成化十一年(1475年),礼部奏曰:民间自宫者达四五万,要求宫中录用。直到清代,宦官数量大减,大

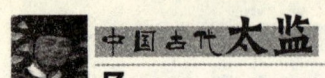

规模的自宫现象才逐渐消失。

 6. 强行阉割的民众

在一些宦官紧缺的朝代,朝廷掳掠并强行阉割境内民众的现象也时有发生。如隋朝便发生过"多捕山獠充宦官"的现象。太平天国时期,洪秀全欲建立自己的宦官制度,曾将掳掠的十二三岁的幼童六千多人,逐一阉割。结果由于阉割方法不当,"误去外肾死者十(之)六七"。古代宫廷中的优伶、禁军中的兵卒或朝廷官员的随从,因被皇上相中而被强行阉割入宫的也不乏其人。如唐太宗时,宫廷中有一个叫罗黑的优伶,因善弹琵琶而被相中,遂遭阉割,专门在宫中教人弹奏。明代正德年间,一个名叫王敏的士兵,因擅长蹴鞠而被明宣宗相中,被强行阉割后成为随侍皇帝左右的内侍。

在各种来源的太监中,除宫刑罪犯之外,其他大多系自幼被宫,中年净身者人数较少。太监初入宫时的年龄,多在20岁以下。一是因为在当时的医疗技术条件下,年幼者的阉割手术成功率较高;二是因为年幼太监易于役使管教。

通过以上种种方式,中国历代王朝一般均在内廷中保持着一支规模可观的宦官队伍。就各个朝代的宦官数量而言,大多呈现出不断增长的趋势。新王朝建立之初,一般尚能注意控制宦官的数量和规模。但随着宦官集团权势的扩张,其数量亦往往失去控制而迅速增长。在中国历史上,宦官数量最多的时期,当首推明朝末年,其时宦官的数量竟达十万之众。

 **宫廷内外两重天**

纵观历史上的太监,一般同时具有君主家奴和朝廷官员双重身份。

 1. 皇帝家奴

早期出现的宫廷阉人,基本上来源于受过宫刑的战俘与罪犯。他们职役下贱,地位卑微,就是纯粹的宫廷奴隶。春秋战国以后,尽管内廷宦者的地位总体上有所上升,一些上层太监甚至被授予官品,但仍然不能摆脱"家奴"

第一章 古代太监概述

的身份。

从历代太监的职责来看，绝大部分人主要是侍奉君主及其家族成员，承担宫廷内有关衣食住行以及洒扫庭除等方面的使令杂役。

知识链接

清代太监的基本职责

清代太监的基本职责包括：司掌宫内及苑囿有关各处的守护、陈设、洒扫、坐更及巡察火烛等事；收藏列祖实录圣训、收贮赏用器物；晨昏启闭，稽察臣工出入，呈报值宿侍卫名单；伺候宸翰及收掌文房书籍笔墨物件，登载内起居注；伺候御用冠袍带履，随侍执伞执炉承应，收贮上用，甲胄；收掌上用冠袍带履，铺陈寝宫帏幔；传宣谕旨，引带召对人员，承接题奏事件；承应请轿；带领御医各宫请脉及煎制药饵；收藏御宝和勋臣黄册，验自鸣钟时刻；供奉香烛；承应传取；近御随侍，收掌内库钱粮古玩书画；收贮古玩器皿；司掌上用茗饮果品、各处供献，节令宴席随侍；司掌上用膳馐、各宫馔品；司掌上用鸟枪；司掌上用弓箭；收贮干鲜果品；司掌畜养鹰鹞、猎犬、鸽子及其他禽兽；培浇花树，饲养仙鹤池鱼；司掌祭神省牲；司掌运水添缸、安设熟火、运送木柴煤炭、宫内烧炕；带领造办处外匠造办一切物件；司掌皇太后、皇后、妃嫔、皇子、公主生活起居一应杂务；充道士奉诵经忏、焚修香火；充僧者、充喇嘛以修佛事；司掌陵寝有关杂务，等等。

皇上及宫中太后、妃嫔的一举一动都离不开太监的侍奉，他们的日常油盐酱醋茶、吃喝拉撒睡等衣食住行的各个方面，都由太监负责，与宫外人家的奴仆毫无二致。

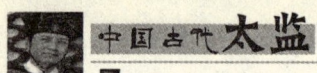

2. 朝廷命官

在中国历史上，太监的身份由单纯的宫廷奴隶到兼有朝廷官员身份的转变，大致是从春秋战国时代开始的。尤其是在宦官势力猖獗的唐代和明代，太监的权力已大大超出了内廷事务的范围，其官僚化趋势十分明显，其地位也已具有了国家官员的身份。

太监队伍的官僚化首先是通过太监机构的衙门化来实现的。明代的太监机构号称"二十四衙门"，包括十二监、四司、八局，其中权势最大的司礼监掌印太监，不仅因其督理皇城内一切仪礼刑名而成为实际上的内廷事务总管，而且还因其批答奏章、传宣谕旨而侵夺了部分君权。

宦官队伍的官僚化趋向，因宦官的大量出任外朝官职而更趋明显。宦官作为内廷仆役，其任职本应该限于宫廷之内，但历史上却有许多宦官出任外朝官职的例子。秦朝著名的宦官赵高就曾出任丞相一职，而且把持了朝廷大权，甚至将昏庸的秦二世玩弄于股掌之上，成为权倾一时的"太上皇"。唐代的宦官还有直接出任中央三省、六部重要官职者。以凶残丑恶著称的权阉李辅国倚仗着在"安史之乱"中护驾之功，先兼任少府，后迁任兵部尚书。但他犹不满足，径直向唐代宗求任宰相，并且最终被册封为司空兼中书令，从而开创了唐代宦官任职宰相的特例。权阉鱼朝恩得势之后，目空一切，自诩文武全才，迫令唐代宗委其判国子监事。每逢鱼朝恩前往视事，朝中文武官员二百余人皆列于国子监廊下听其训讲。历史上的太监还多有出任辖土治民的地方长官的，这在北魏时期较为多见。

历史上的太监还多有受皇上差遣而出任军职或使职的，大致有两种情形：一是出任"监军"，这在唐、宋、明诸朝表现最为突出。唐代宦官多有充任监军使及执掌北衙禁军者。明代的宦官出任监军则更为多见。二是出任使职。历代宦官除本职之外，常因君主差遣而担任各种使职。这些使职起初可能是临时因事差遣，但久而久之则逐渐演化成相对固定的官职，进而对有关官署的权力形成侵夺之势。

这些担任内外朝官职以及出任军职与使职的宦官，有官位、有秩品、有俸禄、有冠服，甚至有爵位、有食邑，并享有娶妻成家、养子传爵、购置田

第一章 古代太监概述

产、休沐归省等诸项权利，其身份地位已与普通官员没有明显差别，其实际权力，已远远超出名义上规定的职掌范围。

但即使是获取了官职品秩的太监具有了类似于朝廷一般官员的身份地位，他们所执掌的基本上仍然是宫廷杂役之类。如清末权阉李莲英，凭借在妓院中学会的一套梳头技术，讨得了喜欢新式发型的慈禧太后的欢心，此后又刻意揣摩慈禧太后的喜好，得以固宠，进而由一般太监逐步升任首领太监、副总管太监、总管太监，赏加二品衔，时称"自开国以来未有若是之光荣者"。即便荣宠若此，李莲英仍须日夜陪伴左右，不敢稍有疏怠，而且在慈禧太后的眼中，他也不过就是个奴才而已。从这点看来，宦官是区别于一般官员的。

第二节 太监机构的演变

作为历史上一个庞大的侍奉王室或皇室的特殊奴仆群体，如何加强对其有效的管理，是至关重要的一大问题。像其他政府机构一样，宦官的组织机构也经过了不断完善的历史演变过程。

少府和大长秋

先秦时期，太监的职掌和组织机构还不甚严格，服务于内廷的各类人员成为较为复杂，有正常的男子，有因犯罪而入宫为奴的妇女，纯粹的阉人只占其中的一部分。

随着皇权的确立，太监制度得到了进一步的发展。秦汉时期，太监主要

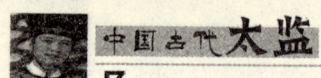

分属于少府和大长秋两个机构。

属于少府系统的太监机构主要有：掌管宫中币帛金银的中藏府令；主管御用纸和笔墨的守宫令；职掌各类池苑游观的䦉盾令；掌造御用刀剑的尚方令；典作宫内衣服及补浣的御府令；典领宫内帷帐卧具等物的内者令；掌管天子饮食的太官令；饲养苑中禽兽的上林苑令；掌侍左右和顾问应对的侍中和中常侍；关通内外的黄门侍郎和小黄门；主管宫中宦官的黄门令。

大长秋由将行和詹事两职合并而成。将行为皇后宫中属官，传达皇后旨意；詹事职掌皇后及太子家务事。汉代皇后所居宫名为长秋宫，人们常以长秋代称皇后。汉景帝时，将将行改名为大长秋，职掌宫中宣命工作，为皇后的近侍。汉成帝时，詹事也被并入大长秋之中。大长秋下的属官主要有：掌管太后舆马的中太仆；掌管传达的中宫谒者；主管中宫文书的中宫尚书；职掌中宫币帛、造作衣被及补浣的中宫私府令；主管幽禁宫女、嫔妃的永巷；掌领中黄门骑从侍卫的中宫黄门冗从仆射。

该时期太监机构还没有完全从外廷组织机构中独立出来，太监也没有独立系统的组织机构。但是，涉及宫内隐秘之事和侍奉后宫诸等妇人的事务基本上由太监担任。

内侍省

唐代新设的太监机构是内侍省。内侍省源于北齐的中侍中省和长秋寺，隋朝初年改设内侍省，多用太监和士人。唐代沿袭之，并专用太监充任。内侍省下设六个机构：

1. 掖庭局，掖庭为宫中嫔妃所居之地，有别于皇后的正宫。掖庭局掌管女工、宫人名籍、教习宫人书算等事。

2. 宫闱局，掌管宫内诸门的管钥。

3. 奚官局，掌管宫人医药、疾病、丧葬等事。

4. 内仆局，掌管宫中车乘之事。

5. 内府局，掌管皇宫府库。

6. 内坊局，内坊本指太子所居宫殿，故该局又称太子内坊局，掌管东宫

一切事务。

唐代内侍省的建立,标志着太监机构完全从秦汉以来隶属少府的依附关系中脱离出来,使太监有了自己独立的组织机构。

二十四衙门

经过宋、辽、金、元诸朝的演变,到了明代,太监独立的机构达到了中国历史上空前绝后的完备和鼎盛时期。明代太监组织机构就是有名的二十四衙门,由十二监、四司、八局构成。

1. 十二监

(1)司礼监。明代太监二十四衙门中权势最为显赫的衙门,除负责掌督皇城内仪礼、刑法、关防门禁、宫内饮食供应等事外,还批阅内外奏章,向外廷官员宣谕皇帝旨意,是皇帝与外廷官员联系的桥梁。除此之外,司礼监还兼管东厂、西厂、内行厂等厂卫机构。凡宦官违禁犯法,亦由司礼监处置。司礼监之下又设有许多机构,主要有:文书房(掌管各类奏章)、礼仪房(俗称奶子府,掌管选婚、选驸马、诞育皇帝子女、选择乳妇等吉礼)、中书房(掌管文华殿中书舍人所写书籍、对联、扇柄等事)、内书堂(为宦官学校)、御前作(专管制造龙床、龙桌、箱柜之类的事务)等。司礼监设提督太监一员,掌印太监一员,秉笔太监、随堂太监若干,其下又设有监官、掌司、典簿、长随、奉御、当差、听事各职役。明代权势显赫的大宦官,如王振、刘瑾、冯保、魏忠贤等,均为司礼监太监。

(2)内官监。主要掌管宫室、陵寝及铜锡妆奁、木铁器用等事,类似于外廷的工部。设有掌印太监一员,下设总理、管理、佥书、典簿、掌司、

太监证

写字、监工若干。外厂甚多，各有提督、掌厂等员。明初，内官监曾一度掌管宫内各职，凡遇缺员及差遣诸事，皆由该监具名奏请。后来，此权为司礼监所有。

（3）御用监。掌管采办皇帝所用之物。该监亦设掌印太监一员，里外监把总二员，典簿、掌司、写字、监工若干。又辖仁智殿监工一员，掌管武英殿中书承旨所写书籍、画扇等，奏进御前。

（4）司设监。掌管卤簿（皇帝、后妃、太子、王公出行时前后的导护队）、仪仗、褥垫、帘席、帐幔、雨具、大伞等事。该监所担负的职责最为烦苦。所设职员同上。

（5）御马监。主管内府马政，设掌印、监督、提督太监各一员。御马监下辖腾骧四卫和象房。腾骧四卫各设监官、掌司、典簿、写字、孥马等员。象房设掌司等员。

（6）神宫监。掌管太庙及各庙的洒扫及香灯诸事。设有掌印太监一员，佥书、掌司、管理若干。

（7）尚膳监。掌管御膳、宫内食用和筵宴诸事。设有掌印太监一员，光禄寺西门提督太监一员，西华门内里总理太监一员，管理、佥书、掌司、写字、监工及各牛羊等房厂监工若干。

（8）尚宝监。掌管宝玺、敕符、将军印信。凡用御玺，外廷尚宝司以揭帖赴尚宝监，尚宝监请旨后赴女官尚宝司领取，尚宝监监视外尚宝司用完后，存号簿缴与女官尚宝司。该监设有掌印太监一员，佥书、掌司若干。

（9）印绶监。掌管古今通集库以及铁券、诰敕、贴黄印信（皇帝的敕令有所更改，用一张黄纸贴在上面，称贴黄）、图书、勘合、符验、信符等事。所设官职同上。

（10）直殿监。掌管各殿及廊庑洒扫之事。该监所事极为卑贱，被视为"最劳苦冷局"，无大厅公署。所设官职同上。

（11）尚衣监。掌管皇帝的冠冕、袍服、履舄、靴袜等事。设掌印太监一员，管理、佥书、掌司、监工若干。

（12）都知监。明初负责各监行移、关知、勘合等事，后变为专门跟随皇帝御驾，负责导引清道。设掌印太监一员，佥书、掌司、长随、奉御若干。

2. 四司

（1）惜薪司。掌管宫中所用柴炭和二十四衙门、山陵等处内臣柴炭之事。设掌印太监一员，总理数十员，金书、掌司、写字、监工若干。该司之下设北厂、南厂、东厂、新西厂、新南厂等外厂，各设掌厂、金书、监工等若干，负责贮收薪炭。

（2）钟鼓司。掌管皇帝上朝时鸣钟击鼓以及演出内乐、传奇、过锦、打稻等杂戏。设掌印太监一员，金书、司房、学艺官若干。该司为内廷宦官所不齿，升转也极为艰难。

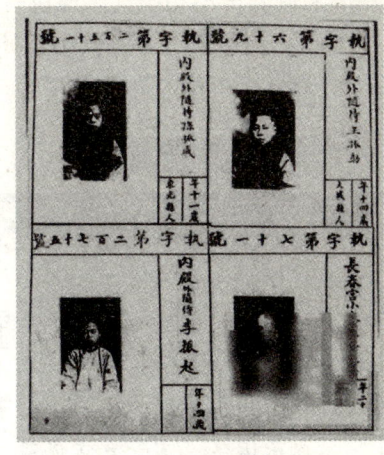

太监档案

（3）宝钞司。掌管造办粗细草纸。设掌印太监一员，管理、金书、掌司、监工若干。

（4）混堂司。职掌沐浴之事。设掌印太监一员，金书、监工若干。

3. 八局

（1）兵仗局。掌造刀枪、剑戟、鞭斧、盔甲、弓矢等各类兵器。因宫中所用铁锁、锤钳、剪针等物亦属其职掌，故又称"小御用监"。设有掌印太监一员，提督军器库太监一员，管理、金书、掌司、写字、监工若干。

（2）银作局。负责打造金银器饰。设掌印太监一员，管理、金书、写字、监工若干。

（3）浣衣局。局址在德胜门以西，是二十四衙门中唯一不在皇宫中的机构，由年老及有罪退废的宫人充任。设有掌印太监一员，金书、监工若干。

（4）巾帽局。掌管宫中内使帽靴、驸马冠靴及藩王之国诸旗尉帽靴。设掌印太监一员，管理、金书、掌司、监工若干。

（5）针工局。负责制作宫中衣服。所设官员同上。

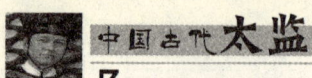

（6）内织染局。职掌染造御用及宫内应用缎匹绢帛之事。所设官员同上。

（7）酒醋面局。掌管宫内食用酒、醋、糖、浆、面、豆等物，与掌造御用酒的御酒房不相统辖。所设官员同上。

（8）司苑局。掌管宫中各处蔬菜瓜果及园艺之事。所设官员同上。

知识链接

其他太监机构

鞍辔局，后改为盔甲厂，掌造军器。

内承运库，掌管皇宫库藏。

供用库，掌管内官食米及御用黄蜡、白蜡、沉香等物，皇宫中的路灯亦由该库监工负责每晚添油点着。

司钥库，职掌用于赏赐的制钱，乾清宫、午门、东华门的钥匙，在天亮前由本库监工发出开门，用毕即刻交回。

脏罚库，掌管没人的官物。

甲、乙、丙、丁、戊诸库，分掌水银、奏本用纸、丝棉布匹、生漆、弓箭盔甲等物。

内灵台，掌观天气和预测灾祥。

御酒房，掌造御酒。

弹子房，专备泥弹。

牲口房，掌养异兽珍禽。

篦头房，专为皇子皇女请发、留发、整容等。

安乐堂，为医治内官的场所。

第一章 古代太监概述

内务府

内务府是建立在满族包衣制度之上的。包衣为满语"包衣阿哈"的简称,亦称"阿哈"。包衣为"家的"之意,阿哈即"奴隶"或"奴仆"。包衣或包衣阿哈均指"家奴"、"奴隶"、"奴仆"、"奴才"。在清朝入关前,凡由各部落所获俘虏,均编为包衣,分属八旗。属于镶黄、正黄和正白"上三旗"的包衣隶属内务府,充任骁骑、护军、前锋等营的兵卒;而属于"下五旗"的包衣分别隶属于各王府,为私家世仆。包衣没有人身自由,可以被任意买卖、赠送乃至杀害,他们是满洲社会中身份地位最低贱的阶层。在满洲还未形成宦官制度之前,包衣成为满洲王室和贵族家中的侍奉役使者,与侍奉汉族王室或皇室的太监角色相似。

清代的八旗制度

中国清代满族的社会组织形式。满族的先世女真人以射猎为业。努尔哈赤在统一女真各部的战争中,取得节节胜利。随着势力扩大,人口增多,他于明万历二十九年(1601年)建立黄、白、红、蓝四旗,称为正黄、正白、正红、正蓝,旗皆纯色。万历四十三年(1615年),努尔哈赤为适应满族社会发展的需要,在原有牛录制的基础上,创建了八旗制度,即在原有的四旗之外,增编镶黄、镶白、镶红、镶蓝四旗。把后金管辖下的所有人都编在旗内。

八旗又有上三旗与下五旗的区别。顺治七年(1650年)底多尔衮死后,清世祖福临为了加强对八旗的控制,对八旗的顺序进行了调整。由皇

17

帝控制的镶黄、正黄、正白三旗，称为上三旗；由诸王、贝勒统辖的正红、镶红、正蓝、镶蓝、镶白五旗，称为下五旗，此后终清未改。上三旗较下五旗为崇，是皇帝的亲兵，担任禁卫皇宫等任务，下五旗驻守京师及各地。雍正为进一步加强中央集权，削弱诸王、贝勒对各旗的控制，严格区分下五旗中的旗分佐领（俗称外佐领）和府属佐领（俗称内佐领）的隶属关系。下五旗中的主要部分旗分佐领，实际上也由皇帝直接控制。诸王及贝勒仅能控制其府属佐领。又以镶黄、正白、镶白、正蓝四旗居左，称为左翼；正黄、正红、镶红、镶蓝四旗居右，称为右翼。

当内务府成为掌管清代皇宫事务机关之后，凡皇宫中的衣、食、住、行等事务，皆由其承办。在内务府下，设立敬事房，是专门管理太监的机构。该机构是于康熙十六年（1677年）设置的，又称"宫殿监办事处"，设有总管、副总管等职，管辖宫内一切事务。其具体职掌是：管理皇帝、后妃及其子女的生活，负责宫内陈设、洒扫、守卫等杂务，传奉内务府方面的谕旨，办理与内务府各衙门往来文件等事务。凡宫内太监的升转任免，皆由内务府移咨吏部及敬事堂办理。太监如有不法，允许内务府先斩后奏。康熙六十一年（1722年），钦定敬事房设立五品总管1名，五品太监3名，六品太监2名。清代宦官被正式授予官职和品级便始于此时。到了雍正元年（1723年），再次变更敬事房宦官的官

内务府令牌

职名称和品级,大总管为四品官职,副总管为六品,随侍处首领七品,宫殿首领八品。雍正四年(1726年),又更改宦官官衔,将正四品大总管改为"宫殿监督领侍",从四品副总管为"宫殿监正侍",六品副总管为"宫殿监副侍",七品首领为"执守侍",八品首领为"侍监"。雍正八年(1730年),又规定,太监官职不分正从,从此太监官品不再有正从之别。

第三节 古代太监的生活

太监的生理与心理特征

阉割术又称去势,是一种残酷而侮辱人格的刑罚,它仅次于死刑。但是,受宫刑者所受到的折磨远胜于受死刑者。受死刑者,只受一时的皮肉之痛,一死即休。受宫刑者,不仅在肉体上要受到惨绝人寰的酷刑,在精神上还要受到难以忍受的摧残。

1. 太监的生理特征

太监无疑是中国历史上最特殊的一个阶层群体。由于丧失了生殖器官和生殖机能,太监在生理上呈现出一系列不同于正常男性之处。根据现代医学的研究,男性幼年被阉,则会阻断某些第二性征的出现;成年被阉,男性所有的附性器官也会因之退化。其一,太监一般不会生长男性所特有的胡须。其二,宦官的整体形象呈不男不女状,时常使人产生女扮男装的错觉。他们说话的腔调也是尖声女气,犹如公鸭嗓音。其三,宦官肌肤极易松弛,面部

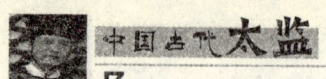

皱纹特多，一般比实际年龄更显衰老。其四，太监的生殖器官和生殖机能虽然遭到摧残破坏，但性欲仍有可能在一定程度上继续存在，故而常常发生各种性变态行为。

2. 太监的心理特征

由于太监生理上发生了变化，必然会对其心理状态产生一定的影响。总体上看，太监的主要心理特征，大致表现在以下几个方面：

（1）极度的屈辱感。太监被阉割后，身体上惨遭伤害，精神上蒙受摧残。在中国传统的宗法观念和伦理观念中，宫刑是一种上辱祖先、下绝后代的刑罚。一但遭受此刑，便会陷入为传统观念和社会舆论所不齿的屈辱境地，太监本人也会因此而经受长期的精神痛苦。西汉史学家司马迁曾自述了遭受宫刑后的内心痛苦与屈辱："最下腐刑，极矣。""仆以口语遇遭此祸，重为乡党戮笑，污辱先人，亦何面目复上父母之丘墓乎？虽累百世，垢弥甚耳！是以肠一日而九回，居则忽忽若有所亡，出则不知所如往。每念斯耻，汗未尝不发背沾衣也。"（《汉书·司马迁传》）从司马迁的话语中可以看出，宫刑被在当时是视为各种屈辱中的最"下"者、最"极"者，故遭此刑者往往痛不欲生。

（2）极端的自卑感。由于生理上的缺陷，地位卑贱，家庭排斥，社会歧视，太监极易产生自卑感。在强烈的自卑感的作用下，一方面导致了太监平和驯顺、安分守己的性格倾向，另一方面也造成了部分太监喜怒无常、恃强凌弱、多疑阴狠等性格倾向，极易产生浓烈的报复心态。

（3）强烈的认同感。共同的生理缺陷和共同的生活环境，使得太监彼此之间具有较强的认同感。尽管太监内部也常常会发生争权夺利的争斗，但他们在对外的场合，却表现出了强烈的团体意识。这种团体意识发展到最后，极易导致太监在政治上的结党营私、排斥异己等行为，从而形成太监政治集团。

古代太监的信仰

共同的遭遇，共同的处境，共同的生理特征，使得太监的精神世界也有许多共同之处。例如崇信道教佛教、迷信、对于性和性器官的特殊兴趣等。

第一章 古代太监概述

1. 宗教信仰

从宗教中寻求精神寄托,是太监中的普遍现象。面对残缺的身体,压抑的心灵,孤寂的现实,无望的未来,太监们自然而然很容易走上信奉宗教的道路。宗教往往成为他们在虚幻麻醉中解脱内心痛苦、寻找精神慰藉、追求来世幸福的灵丹妙药。在有关史料中,最早可见到北魏太监崇信佛教、修建寺院的记载。其后的相关记载,举不胜举。例如:唐代权阉李辅国"不茹荤血,常为僧行,视事之隙,手持念珠"(《旧唐书·李辅国传》)。宋代"士大夫之轻薄好进者",为了巴结信佛的权阉王继恩,投其所好,将交往地点多选在寺院,"每以多宝院僧舍为期"(《宋史·王继恩传》)。元代宦官朴不花"欲要誉一时",乘饥疾之机,大兴佛事,"就万安寿庆寺建无遮大会","又于大悲寺修水陆大会三昼夜"(《元史·朴不花传》)。至明清时期,太监更是普遍崇信道教佛教。他们或吃斋念佛,礼敬僧人;或向寺院道观大量布施,以助建修庙宇;或说动皇帝,新造、扩建、重修寺庙道观;或亲自操办,直接主持修建寺观事务;或投资捐资庙产,以作日后栖身之所。明人诗云:"西

太监阉割塑像

山三百七十寺，正德年中内臣作"。（王廷相《西山行》）据可查考的资料，京城内外乃至各地的许许多多寺院道观，均与宦官密切相关，其中包括一些曾经颇具盛名和至今依然香火兴盛的寺观，如北京的潭柘寺、戒台寺、碧云寺、白云观，南京的栖霞寺、灵谷寺，镇江的金山寺，杭州的烟霞寺、龙井寺，陕西的法门寺、崇仁寺，等等。寺院道观，既是太监的精神寄托之处，也是他们年老退出宫廷后的安身立命及死后丧葬之地。刘若愚《酌中志》云：宦官"最信因果，好佛者众，其坟必僧寺也"。

2. 迷信活动

迷信，也是太监精神生活中的重要内容。太监常年孤寂地幽禁在封闭阴森的深宫之中，出于无知、无聊、无奈、无助，极易相信星占、卜筮、风水、命相、鬼神之说。明代以来的有关史籍和杂书中，反映太监迷信的资料甚多。例如，晚清太监特别迷信所谓"殿神"。太监们认为，"殿神是属于太监的保护神"，"太监每到初一、十五，逢年过节，都要给殿神上供"，"很虔诚地供奉着殿神"。殿神的化身"即长虫、狐狸、黄鼠狼和刺猬这四样动物"（溥仪《我的前半生》）。据太监传说，殿神"个子不高，身穿黄马褂，头上戴着红缨子，两眼炯炯有神，夜间便在宫里四处巡视"。太监若在无意中冲撞得罪了殿神，必会受到殿神的捉弄惩罚。因此，如若进入无人的殿堂，必先大喊一声"开殿"；如若夜间向院外泼水，也必先大喊一声"倒水"。倘若太监触犯禁忌、吃了忌物，殿神则会罚他们在树皮上蹭嘴，直至蹭到皮破血流为止。诸如此类的鬼怪神话和荒诞禁忌，太监们津津乐道，深信不疑。

3. 特殊兴趣

也许是心理原因作怪，太监们大多对性和性器官抱有特殊的兴趣。失去了性器官和性能力的宦官，性欲犹存，也会表现出强烈的甚至变态的性兴趣。据《末代太监秘闻——孙耀庭传》记述：宫中女主的容貌身材、肉体肌肤、洗澡、例假，都是太监们"最感兴趣的闲聊话题之一"。偷看"春宫图"的太监，也会"兴奋得彻夜未眠"。对于"得不到的性交之类的事儿，更胜过常人的兴趣"。一些年轻俊美的小太监，难免成为其他太监追逐的性伴。除了常见的太监同性恋之外，更多的只能是通过大讲淫言秽语的方式发泄。

大凡净身的太监，无不将自己被割下的生殖器视为宝贝，始终加以珍藏。太监去世前，总会托人务必将珍藏的宝贝放入自己的棺材，以求来世能够六根齐全。"这个近似荒谬的做法，却被历代太监视为绝不可破的规矩而沿袭传世。"

太监的婚姻与家庭

一般来说，太监是没有婚姻与家庭生活的，但凡事都有例外。太监无妻，宫女无夫，有时也会结为临时伴侣，以慰深宫寂寞。此种关系，古代称为"对食"、"菜户"。明代内廷此风尤盛，以至"内中宫人鲜有无配偶者"，"唱随往还如外人夫妇无异。其讲婚媾者，订定之后，星前月下，彼此誓盟，更无别遇。亦有暗约偷情，重费不惜"（《万历野获编》卷六）。明史记载，大太监魏忠贤与明熹宗朱由校的乳母客氏就结为"对食者"。后来二人狼狈为奸，干了许多伤天害理的事。可见，在明代这种畸形两性关系已公开化、合法化了。

最早记载太监娶妻的是东汉。东汉太监骄纵，多有娶妻者。《后汉书·宦者列传》记载，唐衡等人专横跋扈，"多取良人美女为姬妾，皆珍饰华侈，拟则宫人"。可见，太监娶妻在汉代已不稀罕。

到了唐代，尤其是中后期，因宫室骄奢，太监多得势，他们不但明目张胆地娶妻，而且还提携妻党，甚至由皇帝出面为宦官娶妻，真是荒谬至极。鉴于唐代太监为害的教训，宋代对太监管理比较严厉，娶妻之事不大见于记载。但也间或有之。据《宋史·后妃传》载："是宦官有妻，朝廷实默允之。"到了元代，在正史中也偶见太监娶妻的记载，如《新元史·宦者传序》曰："惟蓄妻妾者，仍偶有之。"

明初，明太祖是严禁太监娶妻的，违者剥其皮。后来禁令逐渐废弛，于是太监开始肆无忌惮，许多太监都娶妻纳妾，且婚娶形式多样，有皇帝赐给太监妻妾的，有与宫女结成"对食"的，甚至还有娶妻多人或养娼妇的。

中国古代太监
ZHONG GUO GU DAI TAI JIAN

清代定制，太监凡过三年，朝中必派大员详验其势，稍长者，复宫之，故初年未闻娶妻者，至清末始见。据晚清老太监孙耀庭介绍，娶妻、玩女人，在清末宫廷中成了挺时髦的事，哪个太监有了钱没有娶妻狎妓，倒要成为人家取笑的对象。小德张出宫后，在天津置了房产，娶了几房太太，其中一个是天津一家妓院的当红妓女，后来将她扶正，成为夫人。有一个实在受不了虐待，逃到英国巡捕房请求保护。后小德张以金钱买通巡捕，将那女人弄回来活活打死了。

清朝宫女太监对食图

太监娶妻纳妾虽有之，生子者则不见记载。但封建社会遵信"不孝有三，无后为大"。为了继嗣，太监只得多收养子。太监养子制度的出现与存在，一方面固然是因为传宗接代、继体传爵等传统宗法观念方面的影响，另一方面则也是同太监结党营私、扩充势力的意图分不开的。为了抑制太监势力坐大，历代王朝曾制定过一些禁止或者限制太监养子的有关规定，但此种现象始终未能禁绝。到清代，尤其是清末，"大凡太监几乎没有不认过继子以承香火的。李莲英收有4子，曰福恒、福德、福立、福海，皆捐三品衔郎中，共花费银子10000两"。大太监小德张，红极一时，出宫后在天津置了几处房产，过继了亲哥哥张云桥的儿子张彬如。

太监一旦得宠，也是封妻荫子，除养子封袭外，其他亲族封爵、封官也是常事。明英宗正统十年（1445年），"赐司礼太监王振并各监太监钱僧保、高让、曹吉祥、蔡忠白金、宝楮、彩币诸物。仍命振侄林为锦衣卫世袭指挥金事，僧保侄亮、让侄玉，吉祥弟整、忠侄英俱为锦衣卫世袭副千户"（《弇山堂别集·中官考》）。明武宗时，封爵就更加频繁了。据史料记载："泰安伯

张富，司礼太监永兄也。安定伯容，永弟也。高平伯谷大宽，提督团营太监大用兄也。永清伯大亮，大用弟也。镇安伯魏英，司礼太监彬弟也，平凉伯马山，提督东厂太监永成侄也。镇平伯陆永，监枪太监阁侄也。"（同上）这是封爵的，封一般官职的就更多了，司礼监太监马永成"尊显用事者十有余年，且叠受恩荫，侄姓以下，皆都高爵列美官，亦已过矣。而太监赵亨复为陈乞升授，见任者至九十余人"（同上）。一个宦官得势，家中竟有近百人封官，这真是"一人得道，鸡犬升天"。

太监一般是入宫后即与家人断了往来，苦挣苦熬一辈子，攒下几个钱，待年老告退后，回到家乡，盖几间房，买几十亩地，收个养子，也就算"落叶归根"了。置办家产，是得势的大太监才能办到的事，也无外乎贪污勒索、卖官鬻爵，甚至放高利贷以聚敛财富。明代宦官财富之巨，骇人听闻，仅从几份抄家材料中就可看出。明英宗时土木堡之变，英宗被也先掠走，王振误国被杀，景泰帝派人籍没王振家产，抄出金银60余库，玉盘百个，珊瑚高六七尺者20余株，其他珍玩无数。明宪宗成化时，太监梁芳吞没了"累朝金七窖"。历代太监敛财置产的事都有记载，不过明代最为显著。

 知识链接

宦官制度的终结

1924年，直系将领冯玉祥在北京发动政变成功之后，决定将清废帝溥仪逐出故宫。11月5日，溥仪不得不搬出紫禁城，除少量宦官侍奉溥仪外，其余的宦官永远地离开了这位末代皇帝。作为主人的皇帝不存在了，依靠皇帝而生活的宦官也就没有存在的条件和必要了。所以，将1924年作为中国宦官制度终结时间是恰当的。

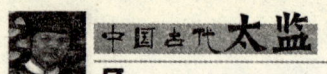

古代太监的衣食住行

1. 服饰

古代的冠服与衣饰代表了人的身份地位，具有严格的礼仪规范。古代太监尤其是上层太监，作为古代官僚队伍的组成部分，其衣饰特色与普通官员总体上没有太大的区别。但他们毕竟还是宫中的仆役，与普通官员还存在一定的区别。

一是要体现近侍身份。汉代中常侍所用的惠文冠，即在朝廷武官所用的武弁大冠的基础上，加黄金铛，附蝉为文，貂尾为饰，从而体现出近臣身份。汉代的佩刀制度也同样可以反映出这一点。当时诸王侯及公卿百官佩刀的刀鞘皆是黑色，而黄门太监佩刀的刀鞘则是黄色或朱红色。明代太监穿贴里，形制如外廷官员的旋褶。司礼监掌印、秉笔太监及乾清宫的管事牌子都穿红贴里，以便侍从御前。其他二十四衙门及山陵等处的长随、内使等只许穿青贴里。

二是要干净利落。太监作为宫廷仆役，干的是侍候皇帝及皇族的差使，因而在衣着上必须要干净利落。历代宫廷中太监的衣服都按季节统一配发，底衣、衬衣、外衣、鞋袜一应俱全，每季节四套。平日着装要整洁，脏了要随时洗涤，不得有丝毫异味。出于宫廷之中礼仪的需要，历朝太监不论春夏秋冬皆须穿着整齐。尤其是夏天，无论多热的天，都是一色的麻布小褂，绝不能穿背心，脚上则是白布袜子和缎面靴子。

三是要随季节的不同而变换服饰的质地与颜色。明代宫中内臣，春天穿罗衣，农历四月后换穿纱衣，进十月再换丝衣，冬季有羊绒衣服及披肩、暖耳之类。颜色一般以青素为主，遇有年节则可穿补服或蟒衣。如春节穿葫芦景补子及蟒衣、五月端午节前后穿五毒艾虎补子蟒衣、重阳节前后穿重阳景菊花补子蟒衣，等等。清代太监服色分灰、蓝、绛、茶、驼五色。春天是灰蓝色，夏天是茶驼色，秋冬是蓝灰色。诞辰之日穿绛紫色，忌辰之日穿青紫色。靴子都是青色，总管太监穿长筒靴，一般太监穿角靴。

另外,各宫的太监由于等级不同、差使不同或服侍的主子不同,因而在衣饰上也稍有差别。清代宫廷中在皇帝身边伺候的太监称"御前太监"。他们都是从太监中挑选的一些年轻、伶俐而又熟悉礼教的太监来充任,穿的是绫罗绸缎,前后补子上绣有蟠龙花和五福捧寿图,待遇也较高。而其他所谓"殿上的"或下差太监,按规矩只能穿布衣布靴,袍褂皆无前后补子,即使是有好衣服也不敢在当差时穿出来。总管太监或首领太监还可以穿马褂,而其他人则只能穿坎肩。

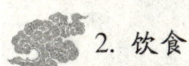

2. 饮食

宫廷中的饮食非常重视季节性,每个季节都有不同的特色。太监虽说生理上有一定的缺陷,但这并不影响其饮食。刘若愚的《酌中志》中曾按月详述了宫中内臣饮食,其中正月最为丰富,所尚珍味有冬笋、银鱼、鸽蛋、麻辣活兔、烧鸡鸭鹅、猪羊肉片、套肠腰子、龙须海带以及羊猪肉包、枣泥卷、糊油蒸饼之类;二月食河豚,饮芦芽汤;三月食烧笋鹅、雄鸭腰子,以补虚损;四月吃笋鸡,吃白煮猪肉,又以各种精肥肉加姜蒜拌饭,以莴苣大叶裹食,称"包儿饭";五月吃粽子,吃"长命菜";六月嚼银苗菜,即藕秧;七月食新鲜鲥鱼;八月赏中秋,吃月饼,吃肥蟹;九月吃花糕,吃迎霜麻辣兔;十月吃羊肉、爆羊肚;十一月吃鹅掌、羊肉包、扁食、馄饨,以为阳生之义,又吃辣汤以御寒;十二月吃灌肠、油渣卤煮猪头、烩羊头、糟蟹、醋熘鲤鱼。

太监因久处宫廷,耳濡目染,况且他们又无须养家糊口,饮食便十分讲究。刘若愚感叹道:"宫眷所重者,善烹调之内官;而各衙门内臣所最喜者,又手段高之厨役也。"

太监们对茶饮果品也非常讲究。江南之密罗柑、凤尾橘、漳州橘、橄榄、小金橘、风菱、脆藕、西山之苹果、软籽石榴、北山之榛、栗、梨、枣、核桃之类,都如数家珍,时常可用。牛乳、乳饼、奶皮、酥糕等小食品,也是自入冬一直吃到来年春二月。对饮茶,他们更是讲究,六安松萝、天池、绍兴芥茶、径山虎丘茶,都是时常饮用的。

3. 居所

太监在宫廷中效力，平日也居住在宫廷之中，而且对大部分宦官来说，内廷就是其生活的全部世界。明代皇城自北安门往南行，分设尚衣监、司设监、内织染局、针工局、巾帽局、水药局等，由此再稍向东南行，则依次有内府供用库、番经厂、汉经厂、司苑局、钟鼓司、司礼监、都知监。一般说来，宫内宦官多是随衙而住，或者住在当差处的偏殿下房。司礼监是明代最大、最重要的宦官衙门，独占一座小院。进门向南是内书堂，由此进二门则是司礼监办公处，再向东南有一小门，里面的房屋就是司礼监提督、监官、文书房掌司等宦官所居之处。但司礼监掌印太监的

太监李连英在颐和园的住处

直房（办公处）却不在此处，而是位于遵义门南养心殿的偏房里。司礼监掌印太监在御河边还有"河边直房"，这也是他生活起居之所。这里榆柳成行，花畦分列，风光相当优美，共建有住房八区。所居除司礼监掌印与秉笔太监外，尚有混堂司、内东厂、尚膳监、印绶监；内承运库等。

清代有权势的太监多住在宫内的东西偏殿，有的在宫外还有自己的宅院，而一般太监，所住之处大多是各宫门附近低矮的小屋。

4. 行走

太监当差时要站有站相，坐有坐相。在宫内行走也要严守规矩，不得东张西望，不得高声嬉闹，遇到皇帝、后妃或者随便比自己级别高的什么人，都要避至道旁。明代太监中年事已高或深获宠眷者，可有宫内乘坐凳机的恩

第一章　古代太监概述

明代的银鎏金御马太监腰牌

遇。凳杌形状如靠背椅，两旁有抬杆，前后各加一横杠以便于抬。另外还有一种代步工具称"板"，其形状如床面，上面用粗绒绳拴一椅圈，用杠两条，斜插抬走，离地尺许。凡是司礼监掌印或年高太监都可置办乘坐，不系钦赏，亦无关品级。清代宫廷对太监管理相当严格，甚至近乎苛刻，因而在宫中乘坐凳杌之类的情形，不见于记载。

　　明代太监出入宫廷皆有乌木牌或牙牌。乌木牌圆径二寸许，状如荷叶头。一面刻内使或小火者字样，另一面用火印"出入关防"四个篆字，旁边且有编号。宫内低级宦官每人一面，不得遗失。当宦官升任奉御或长随，乌木牌则换成牙牌。牙牌一面刻有编号，一面刻某殿某衔。形状下方上圆，刻有云尖，重达六七两。

　　清代宫禁较明代严格了许多，太监都有腰牌。腰牌多是木制，上面有火印，出入宫禁以此为凭，而且还需烦琐的手续。

太监的闲暇娱乐

据史料记载,清宫太监当半天差,歇一天半,他们有大量的闲暇时间。空余时间多,又无家室之累,游戏娱乐便不可少。见于历史记载的宫廷游乐项目很多,如角抵、蹴鞠、投壶、射猎、博弈、棋类、游观、钓鱼、鼎力、拔河、斗鸡、斗促织等。这些游乐项目中角抵、蹴鞠、射猎等规模较大,通常凭皇帝的喜好,主角也是皇帝,但也不可能离开太监。而其他如斗鸡、斗蟋蟀、钓鱼、博弈、行棋之类,规模可大可小,玩儿起来也方便,因此深得太监欢迎。

尽管也有一些博学多才的太监名垂青史,但总体上看,爱好读书、安贫乐道的还是极少数,绝大多数的宦官游乐成性,尤其是喜聚好赌。因而在宫廷娱乐中,虽说棋类与博弈都是很受欢迎的,但下棋需要费神,博弈相比之

清代端康皇太后(光绪皇帝的瑾妃)与众太监

第一章 古代太监概述

下更具有消遣性、刺激性,更能调动玩者的情绪,而且博弈的玩法很多,也比较容易翻出许多新花样。博常常在酒宴上进行,称为饮博。

清代宫廷虽说对宦官管理严格,但只要他们误不了站班当差,喝酒、赌钱倒也不禁,因而像景仁宫后院司房殿内的赌局便天天摆着,一玩就是通宵。小太监们打牌时嗓门大、赌注小,首领太监们打起牌来却是赌注大、嗓门小,一边嗑着瓜子一边摸牌,到了半夜厨房还孝敬馄饨、小吃之类,夏天则有冰镇西瓜、果子露、酸梅汤。小太监一夜输几十枚铜子就心痛得不行,首领太监们腰包鼓,手风背时一夜输百八十块大洋也眉头不皱。赌钱是清宫太监们必不可少的娱乐项目,清末太监孙耀庭回忆说:"太监们除了吃、喝和抽大烟以外,只有以赌钱自娱。"

明清时代的宫廷中还盛行斗蟋蟀和斗鸡,而一些有钱有势的宦官则开斗鸡场,借以敛财。清代末帝溥仪喜欢狗,于是宫里养狗成风。溥仪名下的足有一百多只,地位较高的太监几乎人人弄两三只狗玩耍,好似不牵哈巴狗就显不出身份。

太监们大多有女性心态,喜爱花草,爱好打扮。轻闲无事之时,他们常常赏花听曲,有时把花插在头上,作为装饰。即便是太监中的丑类如魏忠贤者,也爱戴花,夏天发簪上常戴茉莉花等。明代宫中的宦官还经常从宫外购进奇花异草,种在皇帝经过的御道两旁,一方面自我欣赏,另一方面也借以邀宠。

清代宫廷中吸旱烟、水烟盛行,清末更有人在宫中开起了鸦片烟馆。按宫中禁律,太监收藏烟具即从重治罪;吸食鸦片者,定为绞监候,家属发往新疆给官兵为奴。禁律虽严,但不能杜绝,吸食鸦片仍相当普遍。

太监的命运与结局

在几千年的太监历史上,能够建功立业、有所作为的是少数;恃宠弄权、败国蠹政的,也只是一小部分。前者自然是彪炳史册、名垂千古了;那些作恶多端的权宦,大多数不得善终,或遭罢黜,或落得身首异处、遗臭万年的结局。其余绝大多数的中下层太监,晚年出宫后,举目无亲,只能凄凉、悲惨地度过余生。他们出身贫贱,幼年遭阉割,绝门无后;入宫之后,不但生

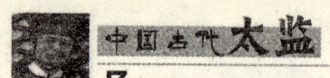

活清苦，劳役繁重，而且没有人身自由，稍有差错，不是遭杖苔枷锁、关押刑罚，就是被赶出宫门，甚至杀头灭门。

许多宦官感到前途渺茫，因而逃亡、自杀者并不罕见，但更多的人则是在宫中默默服役，苦熬岁月。王翱的一首《咏笼雀》道出了久困宫墙之内的宦官的凄寂悲凉之情：

　　曾入皇家大网罗，樊笼久困奈愁何。
　　徒于禁苑随花柳，无复郊原伴黍禾。
　　秋暮每惊归梦远，春深空送好音多。
　　圣恩未遂衔环报，羽翮年来渐折磨。

这些太监终身服役，一直到年老体衰干不动为止。他们入宫多年，大多与家人失去联系，自己又无儿无女，如果再没攒下点钱，其晚景之凄凉孤独是可以想见的。

关于太监晚年生活的记载，其他朝代不多见，清代的史料稍多些。按清初规定，太监退休、病休为民者，一般要回原籍居住，由地方官府发给印票，才能住下来。他们住下后，备受世人歧视，亲友都不与之来往。人们往往对之指指点点，家人也以为羞，甚至不愿收留他们，死后也不能埋入祖坟。这些人有家难归，有亲难认，再加上没什么钱，晚景实在堪怜！有的人立脚不住，又跑回京城谋生路，有的流落为盗为丐，甚至有的沦为男妓。鉴于上述情况，雍正四年（1726年），皇帝下令对出宫为民的太监放宽禁例，允许他们留京居住。

太监们一辈子只知侍候人，没有什么技艺，出宫时又多久病或年老，干不得力气活，即便允许他们留京居住，又到哪里去安身呢！太监们还有最后一条路，叫跨街，即老、衰的太监都放到外八处去，这里差事轻闲，通常没什么事干。因而，太监年老生病后，可通过总管安排到某处跨街去，领一份粮米，不至于饿死。更有许多太监托身于寺庙、道观，据记载，北京城郊在清代有这样供太监寄身的庙、观达20余所。

第一章 古代太监概述

太监的养老义会

　　明清时期，因年老退出宫廷的宦官，或无家可归，或有家难投，往往群居于京城附近的寺庙。他们或通过建立太监养老义会等方式，提前募集资金；或乘年富力强饶有积蓄时，为寺庙捐地捐款，待年老居庙后，相互照应，共度晚年，并为先逝者料理后事。乾隆年间，乾清宫都领侍刘钮、副领侍萧云鹏等91人曾成立万寿兴隆寺养老义会，由入会宦官捐募了一部分银子，在北京南郊置地200多亩，并规定入会宦官需先交白银百两，三年后便可到养老义会所属的寺观养老，吃住不用再付钱，一直养至寿终。据晚清太监本人的回忆："太监养老义会由明代至今，由来久矣。凡为太监者，无贵贱皆苦人，所以有养老义会之设。"北京附近之"旧都寺庙，多与太监有关系"。凡入会者，清末时规定须先交180块钱，三年后"准进庙食宿，死亡有棺，为做佛事，葬于公地，春秋祭扫，后死者送先死者，较亲族有过焉"（信修明《老太监的回忆》）。后来，太监们还创办恩济慈善保骨会，救助穷困太监，保护太监公墓，对于失业太监生养之，死葬之。

　　太监或早与家人失去联系，或虽有家难投，死后也不许进入祖坟，那么，他们死后葬在何处呢？据记载，明代在紫禁城正北方、内城北安门附近设有安乐堂，年老有病者送到那里休养。若病故了就送到净乐堂去火化。堂边有东西二塔，塔有瘗井，是贮存骨灰的地方。清代为解决太监丧葬，雍正皇帝曾于1734年下令修建太监坟墓茔地，并拨万余两白银为修建经费。茔地在今北京阜城门外八里庄往西二里处，面积4顷多，叫恩济庄太监公茔，御赐香火地百余亩。恩济庄公茔有庙有祠，共埋有太监2700多人。每年赏祭祀银400两，派有太监首领一名，看坟人4户。嘉庆年间，又在白石桥附近赏地一顷零九亩，让太监收取地租，"为永远料理众太监等恩济庄庙宇香火，并太监等茔地需用之费"。据说，到民国初年，庄内尚有松柏3000余棵，石碑500余块。另外，西直门外皂君庙、大觉寺、海淀一带也有太监茔地。

当然，也有些太监，晚年还算不错。他们利用在宫中服役攒下的钱，买房置地，娶妻收养子，以抚慰一辈子心灵上受到的创伤，落个善终。还有少数太监，经过几十年苦熬苦挣，攒下相当可观的钱财；或得宠于帝后，生活得比较风光，死后还能得到封赐，但这毕竟是极少数。

十恶不赦，恶贯满盈——历史上的奸宦

在中国的封建王朝中，有一类人既能在官场中兴风作浪、颠倒乾坤，又能让大多数士大夫担惊受怕、羞怒难当。他们有着和正常人截然不同的体质，但内心却往往比正常人积聚着更大的能量，而且无论这能量是善还是恶，总能在历朝历代掀起巨大的波澜。

这就是太监！他们虽然身体残缺，没了正常男人的强健体魄，但在波谲云诡的政治斗争中却个个是杀人如麻的高手。从秦汉时期宦官制度逐步确立开始，一直到清末土崩瓦解，这些人在中国的历史里扮演着无可替代的角色。特别是在东汉、唐、明、清四个朝代里，奸宦更是残害忠良，霸道绝伦，甚至有些时候，他们才是某个帝国的真正主人，而皇帝不过是无能的傀儡。

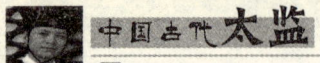

第一节
祸国殃民、图谋不轨的太监

窃弄国柄，荼毒生民——赵高

赵高（？—前207年），是中国封建社会第一个参政弄权的宦官。中国历史上第一个封建王朝秦朝的灭亡，与赵高有着极为重要的关系。西汉桓宽在《盐铁论》中指出："秦使赵高执辔而覆其车。"是说赵高掌握了权柄，最后葬送了秦始皇创建的江山。

赵高本是赵国的贵族之后，他的父亲是赵国君主的远房本家，因为犯罪，被施以宫刑，其母受牵连沦为奴婢，赵高弟兄数人也因此而当上了太监。

1. 地位低贱，奋发图强

赵高虽身受宫刑，在秦宫中为奴隶，地位低贱，但他的智力并不

赵高塑像

第二章 十恶不赦，恶贯满盈——历史上的奸宦

低下，并且比其他的奴隶乖巧得多。他处心积虑地要改变自己卑微的命运。当时，在秦和其他国家，君主也常常任用有才能的宦官担任官职，其地位与士大夫同。由此，赵高看到了希望。于是，他便开始学习当时很受人们重视的狱律。到了青年时期，赵高变得身材魁伟，膂力过人，而且不断学习，研制许多案例，还能写一手漂亮的篆体字；他为人谨慎，能见风使舵，左右逢源，赵高终于得到秦始皇的青睐，被"举以为中车府令"。赵高从此一步登天，由奴隶变成了掌管皇宫车马、可以自由出入王宫内苑的朝廷官吏。

秦朝初建，始皇非常注重法律。赵高"通于狱法"，常常在皇帝身边出入，很快就得到了皇帝的赏识。秦始皇对赵高也很放心，常让他接触一些朝廷机密，并委以赵高重任，令他写了《爱历篇》，与丞相李斯写的《苍颉篇》、太史令胡毋敬写的《博学篇》作为统一全国文字的小篆范文颁行全国。

 2. 篡改遗诏，扶立庸主

赵高得到了秦始皇的宠信，并不满足，他梦想着攫取权力，成为秦王朝的主宰。为此，他处心积虑，寻找机会创造条件。他生活在皇帝身边，出入于王宫内苑，对宫廷之事无所不知。秦始皇的大公子扶苏，是一个耿直忠厚、有治国安邦之志的人，才能在众公子之上，但他多次劝谏父皇宽政减刑，屡屡激怒父皇，因而被疏远。一次，扶苏又上书父皇，述说减少酷刑，安抚民心之理，惹得刚愎自负的秦始皇大怒，把扶苏发配到蒙恬那里做监军。

当时，秦始皇还没确立储君，而公子扶苏对赵高十分厌恶，他被派往边境，远离宫廷，赵高窃喜。有才能且有条件成为皇位继承人的扶苏被皇帝疏远，赵高开始思量众公子中哪一个最受皇帝喜欢。于是，赵高抓住时机，想方设法笼络幼稚平庸的公子胡亥。赵高经常教胡亥一些文章、书法、狱律等知识。秦始皇见了，自然高兴，后来便让赵高指点胡亥学习狱法和书法。

赵高把希望寄托在胡亥身上，最终控制了胡亥。秦始皇为野心家赵高的希望变为现实提供了极好的机会。

秦始皇三十七年（前210年）十月，年逾半百的始皇在第五次出巡的途中病倒了。七月，回返的巡游队伍行到沙丘（今河北广宗北），秦始皇的病越

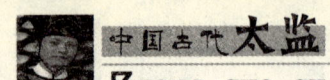

发严重,他预感到来日无多,秦始皇召来李斯、赵高,写下给公子扶苏的诏书,命扶苏马上回咸阳,万一皇帝驾崩,由他主持丧葬事宜。诏书写好封缄,交给赵高,由他派使者送给扶苏。赵高拿到诏书后,却私自扣押了诏书。没过几天,秦始皇就去世了。

秦始皇死在离都城咸阳千里之遥的原赵国之地,丞相李斯非常害怕,因为皇帝生前没有确立继承者,而刚刚确立的继承者扶苏又远在边陲,一时无法联系。皇帝的死讯一旦传出,身在咸阳的公子们很可能产生继承大统之心,他们若为争位而角逐,其后果将不堪设想。李斯急忙召集赵高、胡亥和几个皇帝贴身宦官商议,作出秘不发丧的决定,并且在随驾的队伍中严守秘密。他一面催赵高尽快派使者给公子扶苏送遗诏,一面安排把尸体放在秦始皇原来乘坐的车中,让近侍宦官像始皇活着时一样安排饮食,在车上放了许多鲍鱼,以掩盖尸臭味。像往常一样传递奏章,应付官吏奏事。

赵高不希望公子扶苏成为秦朝的新皇帝,他决定利用这一天赐良机,要把胡亥推上皇位。

赵高晓以利害说服了胡亥与丞相李斯。于是,三人一起伪造了皇帝决定立胡亥为太子的诏书。同时,造了一封给公子扶苏的诏书,书中斥责扶苏屡犯皇帝,甚为不孝,守边多年,毫无功业,没有才能。赐予皇帝宝剑一柄,令扶苏自裁。将军蒙恬是扶苏同伙,不忠于皇帝,交出兵权自杀。诏书由胡亥的亲信送往扶苏的驻地。

扶苏见到父皇的"诏书",痛心疾首,自杀身亡,蒙恬不肯就范,被投入大牢。赵高见障碍已除,建议胡亥赶快回去继承皇位。一行人浩浩荡荡急匆匆回到了咸阳,这才发丧,公告天下。太子胡亥称帝,是为秦二世。赵高被封郎中令,成为了胡亥最亲信的决策者。从此以后,这对暴君奸臣便在一起制造出了一幕又一幕令人发指的惨剧。貌似强大的秦王朝,也由此分崩离析。

 2. 残害忠良排除异己

赵高实现了他阴谋的第一步,随即便开始擅政弄权,控制皇帝,剪除异己。

第一个死在赵高屠刀之下的是蒙氏兄弟。蒙毅被定为"不同意先皇帝立

第二章 十恶不赦，恶贯满盈——历史上的奸宦

胡亥为主"之罪，被迫自杀，蒙恬又以"弟犯大罪，同诛"的律条，被逼吞毒身亡。接着，赵高和胡亥又给诸公子和公主罗织各种罪名，先将6名公子和10名公主一起杀死，然后又把12个公子拉到咸阳大街上斩首示众。公子间兄弟三人，自知有口难辩，一同自杀；公子高见状，便请求为父皇殉葬。一时间，胡亥的兄弟姐妹，悉数被赵高一一铲除。

这样一来，胡亥大可放心做他的皇帝了，殊不知赵高的阴谋还没有最终实现。赵高开始向胡亥兜售他所谓的治国之术和为皇帝之法。胡亥推行了比秦始皇时期还要残酷的法律，征调成千上万的民工大修阿房宫，征集天下的奇花异草、珍禽异兽，拼命地镇压老百姓。他以天子之尊，深居后宫，整日寻欢作乐，不与大臣官吏见面，更谈不上与臣子们共商国是。朝中一切政令，都交由赵高一人传递奏答。胡亥成了中国历史上第一个傀儡皇帝。就在他继位的第二年（前209年）七月，陈胜、吴广领导的大泽乡农民大起义爆发了。当有些大臣向他奏明此事时，当即被胡亥处以死刑。就在这个时候，赵高开始了谋害丞相李斯的行动。

李斯在始皇执政时期立下大功，尽管他参与了拥立胡亥的阴谋，但作为臣子，他对国家的命运是非常关心的。正是由于他还存有对秦朝的忠心，所以成了赵高攫取国家大权的障碍。赵高深知李斯是不好对付的，所以采取的手段也十分阴险。

李斯的长子李由任三川郡守，在作战中阵亡，赵高便利用此事陷害李斯。胡亥听了赵高一派胡言，觉得事情严重，立即传旨派近臣前去调查李由通盗之事，准备治罪李斯。

当李斯发现中了赵高奸计时，已经到了不可逆转的境地，他几经辩白，胡亥终不相信。在赵高的挑拨下，李斯被投入监狱。而赵高偏又成了此案的监办者。心狠手辣的赵高，令人将李斯屈打成招。为防止李斯翻供，在皇帝细查时吐露出实情，赵高指使人扮成御史、侍中，轮番提审李斯，如若供出实情，便加以酷刑，搞得李斯不知哪个是皇帝的侍臣，直至胡亥真的派人问案时，李斯供的也是假话。胡亥以为李斯之罪属实，最后将李斯腰斩于咸阳，并夷灭三族。赵高顺理成章占据了丞相之职。

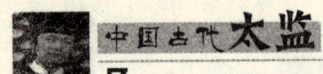

 知识链接

指鹿为马

为了取代胡亥，登上皇帝宝座，他导演了一场指鹿为马的丑剧，用此来验证自己的权力。一天，赵高趁群臣朝贺之时，命人牵来一头鹿献给胡亥，说："臣进献一马供陛下赏玩。"胡亥虽然糊涂，但是鹿是马还是分得清。他失声笑道："丞相错了，这明明是头鹿，怎么说是马呢？"

赵高板起脸，一本正经地问左右大臣："你们说这是鹿还是马？"围观的人，有的慑于赵高的淫威，缄默不语；有的惯于奉承，忙说是马；有的弄不清赵高的意图，说了真话。胡亥见众口不一，以为自己是冲撞了神灵，才会认马为鹿，遂召太卜算卦。太卜道："陛下祭祀时没有斋戒沐浴，故至于此。"胡亥信以为真，便在赵高的安排下，打着斋戒的幌子，躲进上林苑游猎去了。二世一走，赵高便将那些敢于说"鹿"的人统统杀了。

 4. 弑君夺位不得善终

大秦的气数，在胡亥与赵高的统治下，已丧失殆尽。

赵高的丑剧正演在兴头上，殊不知关外农民起义的烽火已连成一片。刘邦、项羽领导的义军所向披靡。巨鹿一战，秦军大伤元气。秦将章邯派司马欣到咸阳请求援军，得到的却是赵高在蓄谋加害于他的消息。章邯自知无论胜败，最后都将被赵高加害，于是倒戈反秦。秦王朝处于风雨飘摇之中，赵高加快了政变的步伐。他一面派人暗中与刘邦联系，提出"灭秦宗室，分王关中"的要求，一面召来任郎中令的弟弟赵成和任咸阳令的亲信阎乐，商定废除胡亥的计划。

第二章 十恶不赦，恶贯满盈——历史上的奸宦

当阎乐率兵冲进胡亥的望夷宫时，胡亥还蒙在鼓里。胡亥提出要见丞相的请求遭到拒绝。为了保全性命他一再提出愿让出皇位，当郡王或当万户侯，甚至甘做一个平民，终不得愿，只好可怜怯懦地拔剑自杀了。

胡亥一死，赵高急忙进宫，把玉玺佩戴身上，准备上殿宣布登基。但是，他万万没有想到，一连三次上殿，"左右百官莫从"。群臣以无声的反抗粉碎了他蓄谋已久的皇帝梦。此时，赵高才感到他的倒行逆施达到了"天弗与，群臣弗许"（《史记·李斯列传》）的地步。只好将丑剧草草收场，命人请秦二世之兄公子婴来就王位。

子婴既了解赵高的所为，也深知其险恶用心，与两个儿子和贴身宦官韩谈定下了除掉赵高的计划。子婴在赵高所定即位时间内没有前去接受玉玺，赵高几次派人来接，子婴都推说有病，不肯前往。赵高只好亲自来请。搞惯阴谋的赵高，果然中计，被子婴和他的两个儿子以及韩谈等人乱刀砍死。

赵高死后，其三族、党羽均被诛尽。不可一世的宦官赵高，野心滔天，篡权谋国，但万万没有想到，落得个身死族灭的下场。梁启超评价赵高曰："其下者则巧言令色，献媚人主，窃弄国柄，荼毒生民，如秦之赵高，汉之十常侍，唐之卢杞、李林甫，宋之蔡京、秦桧、韩侂胄，明之刘瑾、魏忠贤，穷嚣斗筲，无足比数。"可谓一语中的，入木三分。

公报私仇，民族罪人——中行说

中行说，西汉文帝时人，原为宫廷太监，后因陪送翁主到匈奴和亲而对汉王朝怀恨在心，转而投靠匈奴，成为单于的重要谋臣。

1. 投靠匈奴，破坏和亲

中行说是燕人，后担任宫廷宦官。前174年，匈奴老上单于继位，汉文帝派皇族公主前往匈奴和亲，又派中行说随同辅佐公主。中行说不愿接受这个任务，但被强迫前往，临行前他说："如果一定要让我去的话，我将成为汉朝的祸患。"果然中行说一到达匈奴后立即投靠老上单于，并深得单于的信任。

昭君博物院单于大帐

中行说牢记"为汉朝祸患"的誓言,竭力为老上单于出谋划策,挑起匈奴与汉朝的仇恨与纷争。匈奴人十分喜欢汉朝进贡的缯絮和食物,中行说向老上单于指出:匈奴的人口数量不及汉朝的一个郡,之所以强大的原因在于匈奴人的衣食习俗与汉人不同。如今单于喜欢汉朝进贡的衣物食品,他们所进贡的物品不超过国内总数的十分之二,那么匈奴早晚会完全臣属于汉朝。希望单于把汉朝进贡的缯絮做成衣裤,让匈奴人穿上然后在杂草棘丛中骑马奔驰,让衣裤破裂损坏,以此显示汉朝的缯絮不如匈奴的旃衣皮袄坚固完美;把汉朝进贡的食物都丢掉,以此显示它们不如匈奴的乳制品方便味美。中行说随后教授老上单于的亲信分条记事的方法,以便他们统计人口、核算牲畜数目。

汉朝皇帝呈给匈奴单于的书信都写在一尺一寸的木札上,开头语是"皇帝恭敬地问候匈奴大单于平安"。随后写明所进贡的物资和要说的话。中行说

第二章 十恶不赦，恶贯满盈——历史上的奸宦

让老上单于改用一尺二寸的木札写信给汉文帝，并且把印章和封泥的尺寸都加长加宽加大，用傲慢的开头语写道："天地所生、日月所置的匈奴大单于恭敬地问候汉朝皇帝平安"，随后写明索取的物资以及要说的话。中行说适应能力很强，很快习惯了匈奴的生活，而且学会了匈奴语。老上单于对这个投降的奴才十分器重，给予他很多赏赐，每遇与汉朝交往，也都虚心征询他的意见。

 2. 羞辱汉使，数典忘祖

中行说还以匈奴权贵的身份，与汉朝使臣争辩，大力贬斥汉人，抬高匈奴人。

出使匈奴的汉朝使者曾讥讽匈奴的风俗轻视老年人。中行说反问汉朝使者说："这是从何说起？汉人年轻子弟从军戍边，临行之时，他们的父母总要备下好酒好菜，为之送行。匈奴人也是一样的，年轻人从军打仗，父母必把最好的食物让给儿子吃。所不同的是汉人父母希望儿子平平安安，能够毫发无损地归来就好；而匈奴人注重征战，并视此为头等大事，父母希望儿子能够在战场上建功立业，保家卫国。汉族的年轻人尊敬老人，只是唯唯诺诺；而匈奴的年轻人尊敬老人，是用勇敢的行动，用献身的精神，以保卫老人们的安宁。这怎能说是有失孝道，又有什么可以挑剔的呢？"

又一次，汉朝使臣说："匈奴人全家同睡一个帐篷，父死，子妻其母；兄死，弟妻其嫂；弟死，兄妻其媳。全然没有人伦观念和阙廷之礼。"

中行说反驳说："匈奴人的习俗，人吃畜肉，饮其血，衣其皮，为了牲畜吃草饮水，总是随着节令迁徙住地。危急之时，人人练习骑射；闲暇之时，人人乐而无事。他们没有什么拖累，极易行动。君臣之间也没有什么烦琐的礼仪，一国之政就是单于一人说了算。至于父子兄弟死后，家人可娶其妻为妻，这确是一种不良习俗。然而正是这一习俗，匈奴人才得以生存繁衍，长久不衰。你们中原的汉人，虽然不娶父兄之妻为妻，道貌岸然，但亲属之间略有疏远，必相杀戮，导致多少人远走他乡，改名换姓，以逃劫难！这种习俗与匈奴人的习俗，从本质上说，又有什么两样呢？况且，你们汉人的礼仪弊端不少，等级森严，上下结怨，人居华屋，贪图安逸，种庄稼以求衣食，

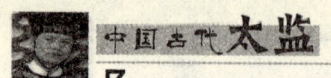

筑城郭以为自备。所以,老百姓危急时才练习攻战,闲暇时则什么事也不做。你们汉人虽然衣冠楚楚,伶牙俐齿,可是这又有什么用呢?"

汉朝使臣讥讽地说:"中行先生如此贬低汉人,且莫忘记,你也是汉人哪!"

中行说说:"我曾经是汉人,但现在是匈奴人!"

汉朝使臣还想讥讽几句,怎奈中行说摆出一副盛气凌人的架势,傲慢地说:"什么也别说了!回去告诉你们汉皇帝:每年输送给匈奴的丝绸、布帛、粮食,必须保质保量,尽善尽美。保质保量,尽善尽美,万事便罢;如若不然,别怪我们不客气。待到秋高马肥之时,匈奴铁骑必将踏遍中原大地!"

 3. 挑拨离间,兵戎相向

公元前166年,老上单于在中行说的怂恿下,率领精锐骑兵十四万,大举侵汉。铁骑从塞北南下,突破萧关(今宁夏固原东南),进抵彭阳(今甘肃镇原东南),焚烧了岐州的回中宫(今陕西陇县境),其细作(侦察兵)甚至到了雍州的甘泉宫(今陕西淳化境),一路掳掠,杀人无数。

匈奴入侵,警报迭传。汉文帝采取紧急措施,令中尉周舍、郎中令张武为将军,发车千乘,集兵十万,驻守京师长安周围,严阵以待。同时拜卢卿、魏敕、周灶、张相如、董赤等为将军,率兵佯攻匈奴的大本营。经过一个多月的战斗,老上单于退至塞外。汉军乘势追击,匈奴精锐也受到了重创。

其后数年间,匈奴几乎每年都要侵犯汉境,烧杀抢掠,汉朝边地人民深受其害。

汉文帝自知无法在军事上与匈奴相抗衡,只好忍气吞声,致书老上单于,愿意再次通过和亲,以换取边境的安宁。中行说极力阻挠,主张全力进攻汉朝。老上单于觉得战争总要喘息,所以不顾中行说的反对,同意与汉朝和亲,重结友好。

公元前162年,汉文帝派遣特使,携带长篇书牍,去见老上单于。书牍回顾了汉朝和匈奴交往的历史,以及睦邻相处的重要性,针对中行说挑拨民族矛盾、制造民族仇恨的险恶用心,特别写道:"今闻渫(污浊)恶民贪降其进取之利,背义绝约,忘万民之命,离两主之欢,然其事已在前矣……谋臣

第二章 十恶不赦，恶贯满盈——历史上的奸宦

失计，皆不足以离兄弟之欢。"

老上单于阅了书牍，很受感动，由此看清了中行说的"渫恶民"嘴脸，逐渐疏远了他，并回书汉文帝，申明和亲友好的信念。汉文帝非常高兴，专门颁发诏书说："匈奴大单于遗朕书，言和亲已定。从此，匈奴人不入塞，汉人不出塞，违犯者定斩不赦！其布告天下，使民知之。"

中行说失去了老上单于的宠信，惊恐不安，转而又巴结老上单于的儿子军臣，极尽阿谀逢迎之能事。四年以后，老上单于死，军臣继位为单于。中行说再度得宠，依然挑唆军臣单于摈弃和亲，大举南侵。军臣单于年轻气盛，少不更事，任由中行说摆布，不断发兵骚扰汉境，战火连年，烽火甚至烧到长安。这种情况一直延续到汉景帝时，汉人和匈奴人都蒙受了巨大的损失和深重的灾难。

中行说，这个无耻的宦官，叛国投敌，公报私仇，为泄己愤，甘"为汉朝祸患"，导致汉朝和匈奴之间无休无止的战争，可恶可憎。这个人后来不知所终。

 知识链接

净身房

从事阉割术的多由专门机构进行。紫禁城西华门附近有一间房子，官方的名字叫"净身房"，民间的名字叫"场子"。光绪年间，北京南长街会计胡同的"毕五"和地安门内方砖胡同的"小刀刘"这两家就是"净身"的专业户，得到官方的恩准，定期向宫廷进贡阉人。另外，在总管内务府下设有慎刑司，这本是管理刑罚事务的，也干一些阉割之类的事情。每年都有数以百计的健康男孩在此割掉生殖器，成为不阴不阳的人。

祸乱朝政，弑帝害王——宗爱

宗爱（？—452年），北魏太监，生年和籍贯不详，因犯罪受刑后入宫。他的大部分宫廷生涯，是在北魏太武帝拓跋焘执政期间度过的。

1. 心狠手辣，残害太子

在北魏王朝，有很多宦官担任朝中官职。在拓跋焘执政之前，由于连年的征战，国家政局不稳，宦官参与政事机会很少；拓跋焘即位后，一些宦官常常随驾出征，在军旅中担任职务，到拓跋焘统一北方之后，国家开始"偃武兴文"，宦官才开始逐渐形成势力。

宗爱与历史上一些奸佞之徒一样，善于阿谀奉承，加上常伴皇帝身边这一有利条件，很快受到拓跋焘的宠信，被提拔为中常侍。他攫取了中常侍这一官职之后，其凶险残暴的本性逐渐暴露出来。为了巩固被宠信地位和扩大自己的权势，便开始干一些结党营私的勾当。他的行为，引起太子拓跋晃的不满。拓跋晃有心对宗爱的一些不法行为进行阻止，但碍着父亲的面子，又不便深究。只是背着父亲，对宗爱稍加约束，使其行为有所检点。可是，宗

北京宦官文化陈列馆

第二章 十恶不赦，恶贯满盈——历史上的奸宦

爱有恃无恐，不但不受太子的管束，反而在心中埋下怨恨的种子。

北魏正平元年（451年）正月，拓跋焘大赏群臣，文武受爵者二百余人。宗爱也在被封赏之列，被封为秦郡公。由此，宗爱成为中国历史上第一位获得公爵的宦官。

虽然宗爱得到了皇帝的恩赏，但这并不能说明他是一名贤能宦官，只能证明他媚主功夫一流，赢得了最高当权者的欢心。从本性上讲，宗爱非但不贤，就连平庸都算不上，他乃是一个"天性险暴，行多非法"的恶徒！但太武帝老眼昏花，被胜利冲昏了头脑，混淆了是非黑白，看不清宗爱的丑恶嘴脸。然监国的皇太子拓跋晃却清醒得很。太子一直对宗爱心存不满，对宗爱的媚主越轨行为时常予以教训、斥责。对于太子的这一切，宗爱是听在耳里，恨在心里。他左思右想，认为若太武帝去世，太子登基，自己的风光日子也就算到了尽头，到那时太子要自己为太武帝去殉葬也保不齐，于是他决定铤而走险，伺机把太子拉下马。

当时在太子拓跋晃身边，有两个近臣，分别是侍郎任平城和给事仇尼道盛。两人仗着太子的庇佑，多有专横跋扈之举。一些朝臣也曾在太武帝面前告御状，说两人的不是。正巧，宗爱也与任平城、仇尼道盛二人有过结，便抓住这个机会，在太武帝面前进一步将他们二人的专横不法罪行扩大。听罢宗爱的奏报，太武帝勃然大怒，下令将任平城与仇尼道盛二人斩杀。获悉自己的亲信被杀，太子忧惧万分，不久积忧成重疾，一命呜呼了。

宗爱此举，一方面避免了道盛等人揭露他的罪行，保住了目前的地位，一方面除掉了太子，消除了后顾之忧，可谓一举两得。

 2. 蓄谋弑君，拥立傀儡

此事过了不久，拓跋焘渐渐明白了太子的无辜，东宫一批官属死得冤屈，后悔不迭。悔恨之余，他想到这些都是宗爱进言造成的恶果。因此，对宗爱先是疏远，继之愤恨，决定除掉宗爱。宗爱预感灾祸将临头。皇帝早晚有一天要把他杀掉，即使皇帝不杀掉他，将来也会被新立的太子、未来的皇帝杀死。于是，他便先下手为强寻机要杀掉拓跋焘。

正平二年（452年）二月，机会终于来了。一天，拓跋焘饮酒过量，独

自一人醉卧在永安宫中。宗爱进宫奏事，发现宫中无侍卫，便把拓跋焘勒死在御榻之上。就这样，拓跋焘这位在北魏历史上叱咤风云的一代君王，不明不白地死在自己宠爱的宦官手中，时年仅45岁。

皇帝暴崩，当务之急是拥立新君，以承大业。宗爱进一步谋划拥立他可以左右的新皇帝。宗爱反复权衡一番，觉得拥立吴王拓跋余最合适。因为，他不仅平常和拓跋余关系很好，而且拓跋余对拓跋晃当初被立为太子很不满，也有心当皇帝。当宗爱陷害拓跋晃时，他也曾帮过忙，在父皇面前讲过太子的坏话。但是如果让群臣议定，决不会拥立拓跋余继位。

这时，尚书左仆射兰延、侍中吴兴公和疋、侍中太原公薛提等相勾结，秘不发丧。原因是，这三位贵族重臣在拥立新君问题上意见不一致。兰延、和疋二人认为拓跋濬年幼，要立年长的秦王、太武帝第三子拓跋翰，并且把秦王翰请到后宫做登基的准备；而薛提则认为拓跋濬为太子拓跋晃之子，有世嫡之重，虽年幼，但聪明贤达，不可轻易废弃而立旁支。于是，他们各持己见，迟迟定不下来。可是，他们万万没有想到，由于他们的久议不决，恰恰为宗爱的阴谋提供了极好的机会和时间。

宗爱得知他们处在犹豫之中，抓紧时机，秘密地去找拓跋余，在深夜让亲信悄悄打开中宫便门，进入皇宫。然后，他们密谋一番，假造了赫连皇后诏令，由宗爱持"诏令"去召集兰延、和疋、薛提等人。宗爱是中常侍，常常出入后宫，传诣宣诏，兰延等人不知有诈，便随宗爱来中宫"议事"。他们一进中宫，便被宗爱事前安排的30名宦官，乱棍打死在殿堂上。接着，宗爱又指使宦官，前去捕捉秦王翰，把他杀死在宫中永巷里。第二天，宗爱召集群臣，拥立拓跋余登基继位。

拓跋余登上皇位，改年号为承平。拓跋余心里明白，自己既非长子又非太子，之所以能够登基称帝，完全在于宗爱的拥立。为了表达对宗爱的感激之情，拓跋余任命宗爱为大司马、大将军、太师、都督中外诸军事，领中秘书，封爵提升为王爵——冯翊王。由此，宗爱成了国家军政大权集于一身的头号权臣，从此他"位居元辅，录三省，兼总戎禁，坐召公卿，权恣日甚"。而皇帝拓跋余则整日躲在宫中，不问政事，完全沉浸在了酒肉声色、丝竹犬马之中。

第二章 十恶不赦，恶贯满盈——历史上的奸宦

 3. 连弑两君，臣共诛之

宗爱开了北魏宦官专政的先河，坐召公卿，权恣日甚，内外惮之。朝野上下，纷纷议论，说宗爱将会像秦朝赵高那样祸乱朝纲。不久，这些议论传到拓跋余耳朵中。他虽无治国安邦之才，但是决不想让别人夺其地位。于是，他便与一些亲信大臣商议，要夺回掌在宗爱手中的权力。宗爱听到风声后，非常愤怒，便乘拓跋余夜里祭祖庙时，指使小黄门贾周等人以侍奉皇帝为名，秘密杀之。

宗爱还主谋杀死了又一个北魏皇帝后，秘不发丧，当时只有振威将军、羽林中郎刘尼知道这件事。出于对宗爱的畏惧，刘尼打算依附，他向宗爱建议立拓跋浚为帝。听罢刘尼建议，宗爱予以否定。刘尼问宗爱应当立哪位亲王，因宗爱杀拓跋余纯属突然之举，所以他根本未曾考虑皇位继承者的人选问题，只知道不能立拓跋浚，于是回复刘尼说："等回宫之后，在诸王当中挑一个贤能点儿的。"此时刘尼惧怕一贯心狠手辣的宗爱会将陷害矛头对准自己，便联络另一位在皇宫典兵宿卫的大臣殿中尚书源贺及南部尚书陆丽，商议道："宗爱既立南安，还复杀之。今不能奉戴皇孙，以顺民望，社稷危矣。将欲如何？"三人一拍即合，决定舍弃宗爱，拥立拓拔跋为皇帝。

事不宜迟，几人迅速行动。刘尼、陆丽找到拓拔跋后，两人分头行动。陆丽将这位太武帝的嫡皇孙抱在马背上，向京城飞奔而去；而刘尼则向太庙跑去，并口中大呼："宗爱杀南安王，大逆不道。皇孙已登大位，有诏，宿卫之士皆可还宫。"众人一听嫡皇孙得立，压抑在心中的愤恨郁闷顿时迸发，皆山呼万岁。源贺等人也率兵向宗爱及其党羽贾周处进发，宗爱一伙未及抵抗，便束手就擒。

拓跋浚在永安殿登上皇位，诏以王礼安葬拓跋余。为报宗爱陷父、弑祖、杀叔之仇，新皇帝拓跋浚下令诛杀宗爱及其党羽，并夷其三族，以示痛恨。就这样，宗爱以一"刑余之人"，始则诌谀自进，陷害太子，继而杀帝害王，擅兴废立，终则专权用事，祸乱朝政，最后只落得个可耻的下场。

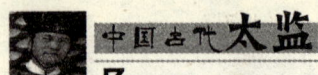

知识链接

中国历史上第一位具名的太监

孟子是周幽王时期的一位太监,也是中国古书上所能道出姓氏的最早的一位太监。这里的孟子不是战国时期儒家代表人物孟轲,而是《诗经·小雅》中《巷伯》篇的作者。孟子本来是个士人,因为受到谗言被国君处了宫刑,因而成为"寺人"。寺人是古代宫中供役使的小臣,也就是后世的宦官。周幽王是西周末代昏君,他与妃子褒姒"烽火戏诸侯"的故事早已成为千古笑谈。《巷伯》这首诗是为讥刺周幽王而写,诗中有"寺人孟子,作为此诗,凡百君子,敬而听之"之句。孟子身体残腐而心系天下,体现了中国士人忧国忧民的传统美德。正因为此,在古代儒风盛行的孝悌时代,人们并不因孟子受过宫刑而轻视他,仍然尊称他为"子"。

废弑君王,专擅朝政——王守澄

王守澄(?-835年),唐朝太监。身世来历不明。唐宪宗元和后期成为太监后,由监军而入知枢密事,历穆宗、敬宗、文宗四朝,专擅朝政十余年。他始终与佞臣小人为伍,排斥异己,陷害大臣,弑杀皇帝,收受贿赂,中饱私囊,无恶不作,使朝纲紊乱,给国家和人民带来了极大灾难。

1. 弑杀君王,败坏朝纲

元和十五年(820年)正月,唐宪宗李纯因祈求"长生不老",服用金丹中毒,卧床不起。就在宪宗病重时,宦官王守澄、陈弘庆等人将他杀害。王守澄等人杀害宪宗后,严密封锁消息,传言宪宗是服用金丹中毒身亡。随后,王守澄便与中尉马进潭、梁守谦、刘承偕、韦元素等人密谋,拥立李恒登上皇位。李恒是宪宗第三子,当时26岁,即位的第二天便在王守澄的怂恿下,把皇甫宰相贬为崖州司户,第六天把道士柳泌、僧人大通乱棍打死。拥立穆宗后,王守澄被加官进爵,知枢密事。王守澄杀宪宗立穆宗,开了太监弑主立君的先例,对后世影响极为恶劣。

穆宗是一个荒淫无道的君王,不仅沉湎于酒色,而且也希望长生不老。王守澄极力讨取穆宗欢心,把在徐州做监军时结识的郑注引荐给穆宗。穆宗听信郑注的异端邪说,大量服用丹丸。长庆四年(824年)正月十一日,穆宗因长期服用丹药中毒发作不治身亡。

穆宗死后,16岁的李湛即位,是为敬宗。敬宗更是荒淫无度,而且也非常宠信宦官。他基本不理朝政,反而迷信道士,小小年纪就祈求长生不老。他派人四处采药,求访异人,甚至在内宫修山建院,供奉道士讲经解道。还常常在夜间到宫苑各处捉狐狸,宫中称此为"打夜狐"。宝历二年(826年)十二月初八深夜,在结束"打夜狐"之后,被宦官刘克明杀害。敬宗死时才18岁,在位仅两年。刘克明、苏佐明等人假传遗诏,立宪宗第六子绛王李悟为帝,以此达到继续挟持皇帝、专权朝政的目的。

当时,枢密使王守澄、杨承和、神策军中尉梁守谦、魏从简四人是最有权力的宦官,号称四贵。他们对刘克明等人拥立的新帝大为不满,于是便联合宰相裴度,策划拥立敬宗的弟弟江王李涵。王守澄等人指挥禁军攻入内宫,杀死了李悟、刘克明和苏佐明,把李涵拥上皇位。之后李涵改名李昂,是为文宗。

自宪宗李纯死后,7年之中,就换了4个皇帝,其中两个皇帝成了宦官争权夺势的牺牲品。文宗即位,王守澄为骠骑大将军,充右军中尉。以陈弘志、王守澄为首的宦员集团上抑天子,下压群臣,犯上作乱,一时间权倾朝野。

2. 合谋除宦, 恶有恶报

文宗虽是宦官拥立的皇帝,但他对德宗以来宦官动辄弑君废立的行为看在眼里,恨在心里。决意削弱宦官权力,树立皇权。大和四年(830年)九

月,翰林学士宋申锡,他在与文宗单独交谈时窥视到文宗的心思,便讲出自己对宦官专权的痛恨,劝说文宗要剪除宦官势力,必须逐步进行,不可操之过急。文宗对宋申锡很赏识,便提拔他为宰相。可是,第二年二月,宋申锡铲除宦官的计划被王守澄发觉了。王守澄立即指使军吏豆卢著诬告宋申锡勾结皇弟漳王李凑预谋篡位。文宗一时不辨真伪,便命王守澄查办,宋申锡被贬为开州(今四川开县)司马,李凑被贬为巢县公。文宗铲除宦官势力的计划就这样流产了。而王守澄从此便如惊弓之鸟,对文宗格外小心,防范更严了。

太和八年(834年),文宗得了中风病,王守澄趁机推荐郑注为文宗治病。郑注精通各种技艺,尤精下棋、医术、占卜。不久,王守澄又推荐前宰相李逢吉从子李训为文宗讲解《易经》。郑、李二人都是善揣人意、投机钻营的蝇营狗苟之人,是王守澄的心腹。王守澄把郑注、李训安插在文宗身边,是想作为他的眼线,隔断文宗与大臣的联系,进而控制文宗。郑注入宫后,很快使文宗的病情大为好转,由此得到文宗宠幸。李训与文宗朝夕相处,感情渐渐亲密。没过多久,郑、李二人与王守澄开始疏远。到了太和九年(835年),文宗与郑注、李训已到了无话不谈的程度。文宗念念不忘铲除宦官势力,把自己的心病告诉了郑、李二人。郑、李二人,表示会尽力帮助文宗诛灭宦官。文宗认为他们二人可用,而且是王守澄举荐之人,不易引起宦官集团的疑心。这一年七月,文宗颁布诏书,任命李训为兵部郎中、翰林学士,随之又升为礼部侍郎、同平章事,赐金紫官服;郑注为通王府司马,充右神策军判官。郑注、李训掌握了实权后,马上搜罗人马。大臣中憎恨宦官势力的人很多,刑部侍郎舒元舆、弘文馆大学士王涯、御史大夫贾𫗧、御史中丞郭行余、长安京兆尹罗立言等人很快与郑、李二人结盟,决定伺机向王守澄为首的宦官势力发难。

郑注、李训先是利用宦官内部矛盾,不动声色地收拾了左神策军中尉韦元素。王守澄与韦元素是针尖对麦芒的死对头,韦元素被除掉,王守澄自然求之不得。随后,李训建议文宗任命宦官仇士良为左神策军中尉。仇士良原来与王守澄是一伙的,在拥立文宗时有功,但王守澄没有提拔他,所以他怀恨在心。他当上左神策军中尉后,马上同王守澄决裂,靠到郑注、李训一边,

第二章 十恶不赦，恶贯满盈——历史上的奸宦

打压王守澄。没过多久，郑注、李训又怂恿文宗予王守澄为左右神策军观容使虚名，明升暗降，解除他中尉的职权，将其架空。

郑注、李训、仇士良三人合谋，先是派人到外地陈弘志所监军中，以谋害宪宗的罪名，将陈弘志乱棍打死。然后于十月九日，郑注、李训又为文宗出谋划策，派遣中使李好古携带有毒的酒食赐死王守澄。其弟王守涓为徐州监军，被文宗下诏召回，走到中牟（今河南中牟县东）县时被诛杀。王守澄作恶多端，可谓罪有应得。但他怎么都不会想到，郑注、李训是他亲手豢养和提拔起来的，反而遭受其害。

王守澄死后，秘不发丧，文宗下诏封其为杨州大都督。郑注、李训决定以为王守澄下葬的名义，召集所有宦官前来，计划一并诛杀。结果他们的计划不但没有实现，反而招致了以仇士良为首的宦官血洗朝臣。

挟帝杀相，贪酷残暴——仇士良

仇士良（781～843年），字匡美，循州兴宁（今广东兴宁东北）人。他从唐顺宗时入宫当宦官，40多年中侍候过顺宗、宪宗、穆宗、敬宗、文宗、武宗六朝皇帝。他挟制皇帝，杀害了两王、一妃、四宰相，可谓权盛一世。史书上说他"有术自将，恩礼不衰"。

1. 甘露之变，夺得专权

仇士良和王守澄都是唐文宗时的太监，王守澄由于受穆宗和敬宗宠幸得居高位。唐文宗即位后，对以王守澄为首的太监很不满，而同为太监的仇士良和王守澄又一向不和，文宗决定借太监之力打击太监，以毒攻毒，坐收渔翁之利。

太和八年（834年），文宗得了中风，王守澄推荐一个叫郑注的给皇帝治病。病治好了，郑注也得到信任。郑注又把李训推荐给文宗。文宗就与郑、李商议清除太监的办法，先封王守澄为左右神策观军容使，兼十二卫统军，明升暗调，夺去了王守澄的兵权，而把仇士良封为左神策中尉，掌握了神策军的军权。王守澄失去了禁军兵权，后来便被毒死在家里。

太监塑像

除掉王守澄，文宗、郑注、李训想趁机把专权拔扈的太监一网打尽，但李训、郑注二人意见并不一致。王守澄死后葬于凤翔，所有太监都去送葬，他们本想借机用兵杀掉众太监。当郑注前去凤翔筹划之时，李训却与宰相舒元舆合谋改变了事先定好的计划。

太和九年（835年）十一月的一天，文宗到紫宸殿视朝。百官参拜后，左金吾卫大将军韩约奏报："左金吾卫中庭后面的石榴树上，夜里降下甘露。"这被认为是国家的祥兆，李训和舒元舆率百官向皇帝祝贺，并劝皇帝去看看，文宗就带百官到左金吾卫旁边的含元殿。文宗要李训先去看看是否真有其事。李训去后回来说："甘露不一定是真的，不可立即宣布。"李训建议派仇士良等太监再去仔细观察。

事先李训已在左金事吾卫的院里帐幔后面埋伏了几百名金吾卫将士。当韩约领着仇士良等太监离开含元殿来到金吾卫时，韩约由于紧张竟汗流不止，这引起了仇士良的怀疑。这时风吹帐幔，掀起一角，露出埋伏的将士。自王守澄被毒死以来，仇士良就如惊弓之鸟，平时很谨慎。今天看见这个情形，仇士良连忙喝令众太监们退回含元殿，把文宗推进辇车，抬起后急奔北门而去。到了宣政殿，关上殿门，仇士良立召神策军杀将起来，见人就杀，大臣们四处逃跑，来不及跑脱的中书、门下两省及金吾吏卒六七百人，全部被杀。禁兵又到各衙署搜捕，连同进宫卖货的商人也被杀，共杀了1000多人。宰相王涯、舒元舆、贾餗、李训、郑注、韩约等参与谋杀宦官的朝臣，无一幸免。本来是朝臣铲除宦官的计划，却被宦官仇士良翻转过来，变成宦官大杀朝臣。史称"甘露之变"。

第二章 十恶不赦，恶贯满盈——历史上的奸宦

2. 持宠而骄，谋害群臣

"甘露之变"后，仇士良升为骠卫大将军，鱼弘志当上右卫上将军兼神策军中尉，文宗被挟制。仇士良知道文宗参与了铲除宦官的策划，对他恨之入骨，总想废掉他，另立一个由自己操纵的傀儡皇帝。仇士良命左右神策副使率军队以搜捕盗贼为名，大肆杀戮金吾卒，死者甚众，可谓"横尸流血，狼藉涂地。"宰相舒元舆便装单骑出逃，被禁兵追擒，七十岁宰相王涯也被逮入狱，一家全被逮捕。禁军借机烧杀掠夺，整个京城一时血雨腥风，人人自危。

文宗在仇士良的挟制下，处境可想而知。他无法过问政事，整日以酒消愁，终于积郁成疾。开成四年（839年），他对学士周墀说："你看我可和古代哪个帝王相比？"周墀不明用意，便说："可和尧舜。"文宗说："我同周赧王、汉献帝相比，怎么样？"周墀说："他们都是亡国之君，怎能和您相比？"文宗说："我连他们也不如，他们是受权臣挟制，而我却是受家奴的挟制。"说着竟流下了眼泪。

开成五年（840年），文宗病重不能起床上朝听政，命太子监国。仇士良、鱼弘志怕太子掌权后不利于己，便阴谋更立太子。宰相李珏说："皇上已立陈王为太子了。"反对仇士良更立太子。仇士良等乃矫诏立颍王为皇太弟，并派兵奉迎颍王，太子复为陈王。仙韶院副使尉迟璋对立皇太弟之事不满，企图兴兵，仇士良将其搜捕斩首。两天后，文宗病死，诏令敬宗子太子李成美继位，仇士良因为太子不是他立的，就杀了太子，另立文宗弟李炎为皇帝，即唐武宗。

3. 恶行昭彰，逃回家乡

阴谋得逞后的仇士良更加猖獗，竟对武宗指手画脚，凡武宗所宠的人，无论乐工，还是内侍，皆诛杀贬谪。武宗刚毅果断，喜怒不行于色，对于仇士良采取"内实嫌之，阳示尊宠"的办法，接着任用李德裕为相来排斥仇士良。

仇士良已感觉出自己被武宗疏远，于是就用鼓动禁军闹事的阴谋妄图挤走李德裕，夺回自己的地位。

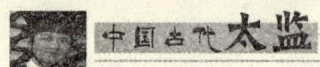

会昌二年（842年）十月，李德裕起草赦书，减禁军衣粮及马刍粟，仇士良便鼓动禁军哗变，围攻李德裕，借此铲除他。李德裕看穿了仇士良的阴谋，急速求见武宗，武宗大怒，立即派人对神策军宣旨："赦令自朕意，宰相何豫？尔渠敢是？"于是风波暂息。至此后，仇士良日夜不安，自知作恶多端，说不定哪天就大祸临头。不久，武宗就把他削为内侍监，知省事。仇士良感觉大事不妙，整日惶恐不安。会昌三年（843年），仇士良请求告老还乡。太监们送行时，他还对党羽们传授驾驭皇帝的经验："不要让天子闲着，应该常常以奢靡来掩住他的耳目，使他沉溺于宴乐中，没工夫管别的事情，然后我辈才能得志。千万不要让他读书，不让他接近读书人，否则，他就会知道前朝的兴亡，内心有所忧惧，便要疏斥我辈了。"

会昌四年（844年），有人告发仇士良有不法行为，结果从他家中搜出兵器数千件。武宗下诏削其官爵，籍没家资。他家中金银珠宝、绢帛匹缎，不计其数，据说用30辆车子搬了1个月还没有运完。家中男女全部掖入宫中为奴为婢。不久，仇士良病死。

身为宦臣的仇士良，一生弄权干政，在宫中侍奉六主，拥立二帝，专权二十多年，大肆杀戮朝臣，凌驾于天子朝臣之上，可谓恶贯满盈。

知识链接

竖刁乱齐

寺人貂又名竖刁，是齐桓公时期的一位宦官。他本来不是宦官，为了能接近国君，"自宫以谄桓公"，开了中国历史上自宫的先例。齐桓公对他非常宠爱，让他总领内廷事务，权力炙手可热。他凭借齐桓公的庇护，在齐国胡作非为，而齐桓公一直对他深信不疑。在丞相管仲病危之际，齐桓

第二章 十恶不赦，恶贯满盈——历史上的奸宦

公甚至想让竖刁继任为相，因遭到管仲的反对才作罢。管仲死后，竖刁开始执掌国家大权，成为齐桓公最宠幸的大臣。齐桓公进入暮年后，齐国朝政被竖刁、易牙、卫开方等小人把持，史称"三子专权"。齐桓公病重期间，诸公子为争夺王位继承权，纷纷结党营私。竖刁与公子无亏结党，软禁了病中的齐桓公。他们禁止任何人出入寝宫，后又在寝宫周围筑起高墙，把齐桓公活活饿死在宫中。随后，竖刁等人诛杀群臣，拥立公子无亏为齐君。太子昭被迫出逃到宋国，其他两位公子——商人、元也先后自称为君。各派势力在齐国首府临淄互相厮杀，导致齐桓公的丧事得不到及时料理，尸体在床上67日无人过问，高度腐烂后，蛆都爬出了屋子。直到第二年，宋国军队护送太子昭回国继位，才结束了混乱的局面。这场变乱，史称"竖刁乱齐"。

"土木之变"的罪魁祸首——王振

王振（？～1449年），山西蔚州（今河北蔚县）人，明英宗时的宦官。他本来是一个教书先生，后来自阉进宫。后来成为明朝第一个专权的太监，开启了明朝太监专权的序幕。

 1. 侍奉皇子，处心积虑

明宣宗时，他因聪明伶俐，进入内书堂充当侍读太监，伺候皇家子弟读书。当时，皇子朱祁镇亦在内书堂读书，王振倾心巴结朱祁镇，二人结下了非比寻常的亲密关系，朱称王为先生。接着，朱祁镇被立为太子，王振随太子住进了东宫，二人的关系更进了一层。

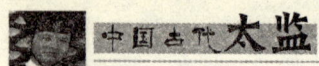

宣德十年（1435年）正月，明宣宗驾崩，年仅9岁的朱祁镇登上皇位，就是明英宗。小皇帝年幼贪玩，王振生性狡黠，尽量投其所好，因而极受明英宗的宠信。其时，明英宗的祖母张太后还健在，朝臣中有杨荣、杨士奇、杨溥等人辅政，王振虽受宠信，但还不敢放肆，只是采取了两面派手法，等待时机，再行窃权。为此，他对张太后和三杨百般殷勤，毕恭毕敬，极尽谄媚之能事，以讨好他们。他升任司礼监太监后，唆使明英宗滥用刑罚，一批朝臣无辜获罪下狱，或冤死，或流放，王振逐渐窃取了一部分权力。

太皇太后张氏贤明有德，她见王振逐渐有抓权、干预朝政的迹象，心中十分不安。她害怕前朝宦官专政的历史重演而断送大明江山，决心采取措施严防宦官专政，并准备严惩王振，灭了王振妄图干预朝政的念头。一次，王振公开指斥内阁大学士杨士奇，狂妄傲慢，一副盛气凌人的架势。杨士奇非常气恼，跑到张太后那里告状。张太后大怒，命人鞭笞王振，逼其向杨士奇赔罪，并警告说："若再如此，杀无赦！"王振心里不服，嘴上还是软的，说："奴才不敢再犯前错。"又一次，王振引逗明英宗玩耍，彻夜不眠。张太后得知此情况，喝令将王振推出去斩首。王振吓得魂飞魄散，幸亏明英宗跪地求情，才使他保住性命。

 2. 独断专权，恶贯满盈

正统七年（1442年），太皇太后张氏病逝，辅政大臣亦相继亡故或退休，从此没有人能挟制王振。此后王振依仗明英宗的支持和庇护，开始飞扬跋扈起来。

明太祖建国之初，曾在内宫门前竖立铁牌，铁牌上铸有十一个大字："内臣不得干预政事，预者斩！"明成祖等沿袭旧制，内宫门前亦竖此牌。王振鼓动明英宗将这个铁牌拆除了。此举意味着王振决心干预政事，并且不会顾忌任何约束。

王振首先在皇城东侧，为自己修建一处豪华的府邸，又建一座智化寺，穷极奢丽，耗费无数。另将搜刮的部分钱财转移到蔚州，在家乡购置了庄园、良田等家产。还着手惩治异己官员，恣逞淫威，穷凶极恶。

第二章 十恶不赦，恶贯满盈——历史上的奸宦

一些官僚见到王振权势日重，纷纷前来奉迎巴结贿赂，以求高升。谁若顺从和巴结他，就会立即得到提拔和晋升；谁若违背了他，立即受到处罚和贬黜。很快，从中央到地方迅速形成了一个以王振为核心的朋党集团。

侍讲刘球上书明英宗，奏陈朝政得失，其中隐约提到宦官专权的隐患。王振大怒，立即将刘球逮捕下狱，用刑致死，随后又肢解其尸。大理少卿薛瑄、祭酒李时勉为人正直，见了王振从不低三下四。王振怀恨，予以报复，罗织罪名，便将薛、李二人贬官。御史李铎一次遇见王振，没有下跪，王振马上派人将他捉进锦衣狱，严刑拷打，然后谪戍铁岭（今辽宁铁岭）。驸马都尉石璟在自己家中责罚奴仆，这个奴仆恰是阉人。王振以为阉人与自己同类，竟然莫名其妙地将石璟下狱拷问，要治他个伤害下人之罪。户部尚书刘中敷，侍郎吴玺、陈瑞，私下议论过王振的诸多过恶。王振得到密报，将这三人罚跪长安门外，当众杖笞，直把他们打得死去活来。内侍张环、顾忠，锦衣卫卒王永，打抱不平，投寄匿名信，揭露王振的罪行。王振查出事情原委，残酷地将这三人磔于闹市。

皇帝与太监塑像

当是时,王振一手遮天,为所欲为,凡他所忤恨的人,上自王公大臣,下至役吏平民,任其处治,或杀或贬,或囚或打,顺者昌,逆者亡,一片血腥恐怖气氛。而明英宗对这个阉贼却是十分恭敬。他不直呼王振的名字,专门称"先生",多次发布褒奖敕谕,文字达到令人肉麻的程度。公侯勋戚慑于王振的威势,一律尊称他为"翁父"。奸佞小人争相投机钻营,拜倒在王振的脚下,极尽逢迎之能事。工部郎中王祐因为善于诏媚,凭王振一句话,立马升任工部侍郎。王振的养子王山、王林,不学无术,却官任都督指挥。王振更有一批爪牙,如马顺、郭敬、陈官、唐童等人,狗仗人势,狐假虎威,鱼肉百姓,横行无忌,专门干杀人放火的勾当,坏事做绝,恶贯满盈。

3. 内外勾结,土木之变

当明英宗宠信王振恣意妄为的时候,亡元残余势力北元蒙古瓦剌部首领也先征服漠北各部,成为明朝北方的强敌。也先原先还向明朝进贡,随着势力的增强,反过来向明朝勒索重赏,稍不满足便挑起事端。也先知道王振在明英宗心目中的地位,多次派人和王振拉关系,提出这样那样的要求。王振用心险恶,总是有求必应。正统十四年(1449年)春,也先派使臣向明朝"贡马",名义上是"贡",实际上是勒索,以此换取优厚的赏赐。王振嫌马匹质量低劣,故意压低马价。不想此举激怒了也先,也先遂于七月发动四路大军,全面压向明朝边境。

警报传来,明英宗朱祁镇在王振的煽惑与挟持下,准备亲征。兵部尚书邝埜和侍郎于谦"力言六师不宜轻出",吏部尚书王直率群臣上疏劝谏,但英宗偏信王振,执意亲征。7月16日,英宗和王振率20余万大军从北京出发,由于组织不当,一切军政事务皆由王振专断,随征的文武大臣却不使参预军政事务,军内自相惊乱。19日出居庸关,过怀来,至宣府。8月1日,明军进到大同。也先为诱明军深入,主动北撤。王振看到瓦剌军北撤,仍坚持北进,后闻前方惨败,则惊慌撤退。本欲使英宗于退兵时经过其家乡蔚州"驾幸其第",显示威风;又怕大军损坏他的田园庄稼,故行军路线屡变。至宣府,瓦剌大队追兵追袭而来,明军3万骑兵被"杀掠殆尽"。13日,狼狈逃

第二章 十恶不赦，恶贯满盈——历史上的奸宦

到土木堡，瓦剌军已紧逼明军。

土木堡处于丘陵地带，缺少水源，驻军连夜打井，深至两丈，仍不见水。数十万兵马又饥又渴，诅天咒地。次日，也先铁骑抵达土木堡，明军顿时紧张起来。也先实行麻痹计策，一面派人和明军议和，一面催促后续部队快速前进。王振表示同意议和，派出通事前去谈判，同时下令移营就水。正当明军移营之时，也先指挥他的部队向明军发起攻击。一方是兵精将勇，一方是人困马乏；一方是有备而来，一方是仓促应战。明军大败，死伤过半，丢失的骡马达20余万头，遗弃的衣甲、兵仗、辎重物资不计其数。

明英宗和王振被这种阵势吓得胆战心惊，犹如缩头乌龟。明军将士拼死奋战，无法使他们的皇帝突围。护卫将军樊忠一眼看到王振，恨从心头起，恶向胆边生，斥骂到："皇上遭此危难，将士伤亡，生灵涂炭，都是你王振一人所致。为了朝廷，为了天下，我这就杀了你这个阉贼！"说着，他抡起手中铁锤，朝着王振砸去。王振躲闪不及，脑袋开裂，脑浆飞溅，一命呜呼。但王振虽然死了，明英宗还是没能突围，被蒙古军生俘而去。

土木堡之变，英宗被俘，20万军队被击溃，从征的100多名文臣武将几乎全部战死沙场。消息传到北京，百官在殿廷上号啕大哭。后来，皇太后忍住眼泪，命令英宗的弟弟成王朱祁钰监国。都御使陈鉴等，面奏成王，历数王振之罪，最后成王朱祁钰下令杀死王振的侄子王山并族诛王振之党，把王振的死党马顺的尸首拖到街头示众，王振家族不分老少一律处斩，并籍没王振家产。

明英宗在被俘一年之后又回到了明朝皇宫，经"夺门之变"又坐上了皇帝宝座。后来英宗认为王振是为国殉死，在他重新登基的这年（1457年）十月，在北京城禄米仓胡同的智化寺为王振立了一个彩色泥像，而且立祠刻像供人祭祀，这个祠居然被称作"精忠祠"。王振的是否"精忠"，恐怕只有明英宗自己明白。

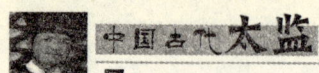

伪造盟书、陷害太子的伊戾

伊戾是宋平公时期的一个宦官。他是太子痤的老师,却与太子关系紧张。有一次,楚国派一位使臣出使晋国,途中经过宋国。太子痤因为和这个使臣有旧交,就向父亲请示要到边境上去迎接他,宋平公欣然同意了。这时,伊戾主动请求陪同太子前往。宋平公考虑到他素来与太子不和,开始没有同意。

伊戾对宋平公说:"作为一个下人,我会把握好分寸。即使太子讨厌我,我也不应该疏远他。同样,即使太子宠爱我,我也不能跟他过分亲近。侍奉太子是我的职责,您就让我去吧。"宋平公听了这番话,就同意让他去了。伊戾随太子到了边境后,伪造了一份太子与楚使结盟的盟书,亲自骑马送回都城,向宋平公诬告说,太子为了早日得到王位,已与楚使结盟准备谋反。宋平公见有盟书为证,信以为真,将太子下狱。太子满腔冤屈,在狱中上吊自杀了。后来,伊戾伪造盟书、陷害太子的事终于被揭露出来,宋平公大怒,将他投进开水锅里煮死了。

夺门功臣,谋反伏诛——曹吉祥

曹吉祥(?—1461年),明朝宦官,滦州(河北滦县)人。起初依附于宦官王振,屡任监军。后与石亨勾结,率兵协助明英宗复位。事成后升为司礼太监,总督三大营,子嗣亲戚也都被加官进爵。天顺五年(1461年),曹吉祥发动叛乱,事情败露后被处死。

第二章 十恶不赦，恶贯满盈——历史上的奸宦

1. "夺门之变"的大功臣

明英宗在"土木之变"中被北元俘，对堂堂大明朝来说，犹如天坍地陷，朝野惶恐。九月，朱祁钰遥尊明英宗为太上皇，自己即位为帝，他就是明代宗。

也先活捉明英宗，原先以为奇货可居，以此可以要挟明朝，获取最大的利益。不想明朝又有了新皇帝，无人关心明英宗的死活。这样一来，奇货反成累赘，也先决定送还明英宗。但明代宗恐其回来动摇自己的皇位，于是讲明：明英宗回来不能再当皇帝，只能居住南宫，做太上皇。公元1450年，灰头土脸的明英宗回到北京，就被软禁在南宫。

明代宗坐稳了皇位，私心更加膨胀。他废黜了明英宗所立的太子朱见深，改立自己的儿子朱见济为太子。明英宗看到这种情况，心情懊丧，度日如年。景泰四年（1453年），太子朱见济忽然得病而死。一些大臣又跃跃欲试，主张重立明英宗之子朱见深为太子。明代宗大怒，对有此意者，一律处以廷杖，御史钟同竟被当场打死。这时，明代宗意识到：太上皇父子们留在京师终将是个隐患。因此，他盘算，准备把明英宗和朱见深迁到外地。

这一方案未及实施，明代宗突然患了重病，不能理事。明英宗抓住这个机会，积极活动，准备发动政变，夺回失去的皇位。他想到一个关键人物，就是太监曹吉祥。此人分掌京军，握有一定的兵权，若能站在自己一边，那么事情就会大有转机。

曹吉祥原是王振的部下，与明英宗的关系也是相当密切。正统初

明英宗像

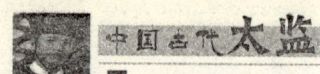

年,曹吉祥出任过监军,熟悉军队的情况,而且镇压过邓茂七领导的农民起义。曹吉祥每次出征前,总要精心挑选一批年轻力壮英勇善战的年轻士兵充实队伍,班师后即把他们改编为家丁,并私藏了很多兵器。明代宗朝,曹吉祥虽分掌京军,但不忘旧恩,心中还时时牵挂着原先的皇帝明英宗。所以,当明英宗派人和曹吉祥联络时,他当下答应,同意参加政变。应约参加政变的还有总兵石亨和右副都御史徐友贞等人。他们经过秘密策划,制订了政变计划:石亨坐镇指挥,徐友贞去南宫迎接太上皇,曹吉祥率领京军千余人潜入皇宫,里应外合,奉迎明英宗复位。

明代宗正在病中,对即将发生的政变一无所知。景泰八年(公元1457年)正月十六日夜间,徐友贞前往南宫接出明英宗,由全副武装的士兵护卫,向皇宫进发。皇宫里,曹吉祥的京军早已夺取了各个宫门,严阵守卫。明英宗一路通行无阻,进了皇宫。次日凌晨,曹吉祥、石亨、徐友贞簇拥着明英宗,直入奉天殿,重新登上皇位。史称夺门之变。明英宗终于实现了复辟的梦想。

明英宗复辟,积恨难平,历数明代宗的无情和罪状,将他降为郕王,随后又将他处死。曹吉祥、石亨、徐友贞因此得到重用,把持了朝政大权。尤其是曹吉祥,被视为"夺门功臣",升任司礼太监,总督京军三大营。曹吉祥的养子曹钦,从子曹铉、曹铎、曹睿等,均升任都督,其中曹钦还被封为昭武伯。从此,明一代开了宦官子弟封爵位的先例。

2. 权力暴发户的疯狂人生

曹吉祥的权势和石亨不相上下,时人并称为"曹石"。

曹吉祥和石亨很快勾结起来,狼狈为奸,干权乱政。他俩把全部朝官梳理了一遍,凡异己者统统贬谪,一个不留。忠君爱国的兵部尚书于谦、大学士王文饮冤被杀。御史吴祯等36人,同时被驱逐出朝廷,分别贬作州判官和知县。御史杨瑄指责这种做法,他俩立刻将杨瑄逮捕下狱。就连和他俩一起发动政变的徐友贞,也因为政见不同,照样被下狱治罪。

曹吉祥和石亨恣意专权,朝野侧目。久之,明英宗逐渐觉察到曹、石心怀叵测,绝非忠臣。天顺四年(1460年),石亨获罪,明英宗颁下敕谕,将

第二章 十恶不赦，恶贯满盈——历史上的奸宦

他斩首。曹吉祥兔死狐悲，惊恐不安。他不想重蹈石亨的覆辙，由此起了谋反之心。

天顺五年（1461年）七月，曹吉祥的养子曹钦牵扯到一件抢劫大案。明英宗命锦衣卫指挥逯杲进行调查，并颁下敕谕，告诫群臣。曹吉祥内心痛恨明英宗，当即招来最得力的心腹、太常少卿汤序，策划谋反行动方案。约定，曹钦率兵从外面攻打皇宫，曹吉祥潜入宫内接应，里应外合。

方案既定，但风声走露。英宗急忙令人逮捕曹吉祥，并下令关闭皇宫四门和京城的九个大门。在与守门禁军进行了一番搏杀之后，曹钦投井自杀，曹铎及其家人，不分老幼尽被杀。

三天后，英宗下令把曹吉祥绑赴市曹，凌迟处死。曾经横行一时的曹吉祥，就此悲惨地结束了自己的一生。后来到明宪宗即位时，又把曹吉祥的田产没收，做了皇庄。

"八虎"之首，"立地皇帝"——刘瑾

在中国宦官史上，刘瑾无疑是死得最惨的一位权阉。他伴随的是中国历史上最荒唐的一位皇帝——明武宗朱厚照。这对主仆在朝堂上一个坐着、一个站着，但在百官眼中俨然是两位皇帝。刘瑾人称"立地皇帝"，曾经权势熏天，煊赫一时，最终却落个千刀万剐的下场。不知道到此时，他有没有真正明白伴君如伴虎的道理。

1. 诈得权位，位冠"八虎"

刘瑾（1451~1510年），陕西兴平人，本姓谈，六岁时被太监刘顺收养，后净身入宫当了太监，遂冒姓刘。刘顺把他带回宫中，先在内书堂读书识字，学习宫中的规章制度，同时干一点杂活。在英宗、宪宗两朝，刘瑾只不过是宫中当差的小奴。孝宗在位时，刘瑾因行为不慎，犯了宫禁，被派到茂陵司香。他竭力巴结司礼监掌印太监，结果不仅转危为安，还得到了一个美差，从茂陵被调到太子东宫，服侍太子朱厚照。刘瑾善于察言观色，很快便成为朱厚照的心腹。朱厚照品性顽劣，但他是孝宗唯一的儿子，孝宗对他溺爱百

般,由着其胡来。刘瑾瞅准机会,千方百计引诱太子吃喝玩乐,深得朱厚照欢心。

弘治十八年(1505年)五月,孝宗朱祐樘去世,15岁的太子朱厚照即位,是为武宗。武宗继位后,虽给刘健等辅政大臣等人加官晋爵,但并没有重用老臣,而是亲近奸小,玩乐如故。武宗宠信刘瑾、马永成、高凤、罗祥、魏彬、丘聚、谷大用、张永等八名太监。他们都是朱厚照当太子时的贴身太监,在太子当皇帝后,更加肆无忌惮地引导皇帝玩乐,并互相勾结,欺上瞒下,干尽坏事,人称"八虎"。在八人之中,刘瑾资格最老,也最得宠,因此被

明武宗朱厚照

称为"八虎"之首。在刘瑾的领导下,这些宦官想方设法地鼓动武宗游玩享乐,他们则专横跋扈,背着皇帝干坏事。不久,刘瑾升为内官监掌印太监,负责营造宫室、陵墓、冰窖,制造妆奁器物诸事。随后,武宗又让刘瑾提督团营。团营是当时京城禁军的主力,刘瑾掌握了禁军大权,为日后的专权打下了坚实基础。

武宗是历史上一位著名的荒唐皇帝,他一心玩乐,根本无心治理国政,这为宦官专权提供了机会。刘瑾等人恃宠而骄,除了自己纵情享乐外,还想方设法让皇帝高兴。他们引诱武宗乔装打扮出宫寻欢作乐,使武宗乐不自禁。为了供武宗挥霍,刘瑾怂恿武宗在京城强征民田,扩建皇庄。这种皇庄有三百余所,使"畿内大扰",引起了京城百姓的强烈不满。

2. 放虎归山遗后患

朝臣见"八虎"引诱皇帝终日宴乐,又急又恨。内阁大学士刘健、谢迁、李东阳等辅命大臣多次上书,规劝武宗遵循先帝遗训,割断私爱,及早除掉"八虎"。武宗不予理睬。几天后,一些尚书、科道官也纷纷上书,劝皇帝以国事为重,勤政讲学,亲贤臣、远小人。武宗仍置若罔闻。这时,国内出现

第二章 十恶不赦，恶贯满盈——历史上的奸宦

了一系列异常天象：京师接连淫雨三个月，陕西、南京及江南一带地震，天鼓鸣，白天见星斗，暴风雨，雷震孝陵白土冈树，彗星亘空等。按照古人"天人感应"之说，自然界的灾异现象是上天用来警示统治者的。五官监侯杨源则以星象之变来劝导武宗，武宗这才有些害怕。刘健、谢迁抓住这个机会，再次上书请诛刘瑾等人。接着，户部尚书韩文不顾个人安危，联合朝中九卿大臣共同上书，请武宗处死刘瑾等"八虎"，以肃纲纪。直到此时，武宗才知道自己犯了众怒，惊恐之余，泣不成声，食不甘味。为平息这场风波，他决定免去"八虎"现职，安置在南京任闲职。

但大臣们则坚决要求杀掉这个祸根。为了让皇帝下决心除掉刘瑾，大臣们联合了当时的京城主要官员，准备第二天一起劝谏武宗杀掉刘瑾。但吏部尚书焦芳却在当天晚上告诉给了刘瑾。刘瑾一听，大惊失色，赶忙召集其他七人连夜到武宗面前哭诉求情。武宗念及刘瑾以前的忠心照顾，竟赦免了他们，而且在他们的怂恿下将司礼监、东厂、西厂也让分别他们掌管。

司礼监在当时是很重要的内宫官署，有掌印太监一名，秉笔太监八至九名。在明朝，百官向皇帝上书，要先送内阁，由内阁辅臣做出初步的处理意见，叫做"票拟"，再交给皇帝批阅。皇帝用朱笔在奏章上批示，叫做"批红"。有的皇帝如果不勤于政事，便让司礼监宠信的太监代笔，这就给太监的胡作非为提供了可能性。另外，司礼监的太监还有一个其他部门无法比拟的特权——传达皇帝旨意。有时由秉笔太监记录下皇帝的话，然后让内阁起草，或者由太监口头传达给有关大臣。这种制度直接给宦官造成了篡改圣旨的机会。刘瑾就是司礼监的主管，他控制了宫廷内外，从此开始专擅朝政。

3. "立地皇帝"，丧心病狂

刘瑾当权后，开始疯狂报复自己的政敌。对于曾经使他身陷绝境的大臣们，刘瑾恨之入骨。于是太监王岳、徐智、范亨三人被逮捕下狱后，受到严刑拷讯，押往南京充军。为了斩草除根，刘瑾暗中派人追踪行刺，在山东临清将王岳和范亨刺死；徐智被打断双臂，总算留了一条性命。都御史巡抚山东朱钦为王岳等人鸣不平，疏请"明察王岳之无辜，诛刘瑾之谗贼"。结果，

朱钦被逮捕械送京师，罢官削籍，罚米300石，亲输大同。

对于曾经弹劾过自己的朝官集团，刘瑾也都不放过。刘健、谢迁辞职后，给事中吕种、刘玉及南京给事中戴铣、御史蒋钦等20人，上书恳请挽留两位阁老，结果全遭杖责后下狱。兵部主事王守仁见刘瑾如此对待谏官，上书乞求皇上"追收原旨，使（戴）铣等仍旧供职"。刘瑾见到疏文，不奏明武宗，就派人将王守仁抓来，重打50大板，然后贬官流放去贵州龙场驿做驿丞。王守仁既行，刘瑾又派人伺机行刺。多亏王守仁急中生智，制造星夜投江的假象，将冠带衣履投之于江，将鞋子置于江岸，骗过刺客，才免遭一死。

户部尚书韩文是弹劾"八虎"的挑头人，被刘瑾视为心腹大患。刘瑾专门派人收集韩文的"罪证"，但韩文居官谨慎，始终找不出像样的证据来。正在这时，刘瑾发现户部交给内府的银子成色不足，就以韩文玩忽职守为由，将他降了一级，并令他致仕，回家闲居。在韩文起程后，刘瑾又暗中派人寻机行刺。韩文深知刘瑾之狠毒，不乘官车，不宿官驿，使刺客无从下手，从而逃过一劫。后来，刘瑾还是找借口将韩文逮捕下狱。韩文的两个儿子——高唐州知州韩士聪、刑部主事韩士奇都被革职。

为了彻底整垮与自己作对的朝官集团，刘瑾及其心腹炮制出了一个所谓"奸党"的"黑名单"，把反对或不阿附自己的官员，都列入这个"黑名单"，作为打击的主要对象。他还唆使武宗于正德二年（1507年）三月将这个名单公之于众，榜示朝堂，又颁示各地。这份名单多达53人，大多是正直的朝臣。刘瑾要求这些人立即上辞职书，回乡养老。

刘瑾在排斥异己的同时，大肆结党营私，不断扩充自己的势力。与他作对的朝官都受到贬斥或抑制，对他摇尾乞怜的官员则一律升官。一些无耻的官员纷纷投靠刘瑾，霎时间擢升的官员多达1560余人。刘瑾还假借武宗旨意，授锦衣卫官数百名。这样，朝中上下便成了以刘瑾为首的阉党的天下。刘瑾窃权，焦芳入阁，列卿献媚，一时间，阉党权倾天下。

刘瑾为了达到专权的目的，迫使大臣将上呈的奏文先送到他的内宅，由他裁定是否送皇帝批阅。他根据自己的意愿，把要送皇上批阅的奏文放在红袋中，称为"红本"；把退回通政司的奏文放在白袋中，称为"白本"。刘瑾

第二章 十恶不赦，恶贯满盈——历史上的奸宦

是个不学无术的人，自己不能批答奏章，便由他的妹婿——礼部司务孙聪和张文冕商量裁决，再由心腹尚书修改润色。宰相李东阳只能点头称是，不能提出意见。正因为此，人们称刘瑾为"立地皇帝"，武宗反倒成了一个有名无实的傀儡。当时京城内外流传说，金銮殿中有两个皇帝，"一个坐皇帝，一个立皇帝；一个朱皇帝，一个刘皇帝"。

刘瑾的权势达到了顶峰，其骄横跋扈的程度也达到了顶峰。每天清晨，朝官们要在刘瑾宅第门口侍立等候，对他行面见皇帝的跪拜之礼。大小官吏奉命外出办差，都要先拜见刘瑾之后才能成行。刘瑾的专横引来人们的不满，但大多敢怒不敢言。正德三年（1508年）六月，有人写匿名信贴在皇宫的墙壁上，揭发刘瑾的暴行。刘瑾大怒，立即唤来三百多名相关官员，在奉天门前罚跪。当时正值盛暑，大家从早跪到晚，当场有三人晕死过去，倒下的达数十人之多。直到日暮时分，刘瑾才把全部官员投入狱中。第二天，查明写匿名信的原来是一个太监，他才把这些官员释放出来。

 4. 纳贿自肥，滥用刑罚

刘瑾依靠手中的权力，大肆卖官鬻爵，谁给他的贿赂多，就封谁的官，重贿者则可越级升迁。刘瑾曾向自己的亲信夸口说，其聚敛的财富可与皇上一比高下。

刘瑾专权的有力工具，除了手中的军队外，便是东厂、西厂两个特务机构。他指使两厂特务对官员进行秘密侦查，搜罗证据，然后加以处置。正德三年（1508年）八月，刘瑾又新设了一个特务机构——内办事厂，简称内行厂，由他直接控制，以监视官吏、锦衣卫以及东、西厂的动静。刘瑾处罚政敌的方法很多，一是处罚，即罚米供应边境。因为罚的数目很大，有的竟达到几千石之多，使很多大臣被罚得倾家荡产。其次是身体处罚，最狠毒的是脱掉衣服进行廷杖。明朝原来的廷杖仅仅是对大臣的一种人格侮辱，并不是身体处罚，所以允许大臣用毡、毯以及棉衣垫在身上。但刘瑾却要大臣脱衣受刑。行刑期间又授意执行的锦衣卫加力责打，结果大臣们常被当场打死。刘瑾还造了一种150斤重的大枷，被他迫害的大臣戴上这种枷后，没几天便被折磨死了。东厂、西厂、内行厂三大特务机构沆瀣一气，争相侦缉罗织，

滥杀无辜。几年内,被处死的官民竟达几千人之多。京城中的官员见到太监登门,第一感觉无不是祸事临头。京外官吏、百姓的神经更为紧张,遇着衣着华丽、操京腔、打马狂奔的人,无不纷纷传告躲避,犹如惊弓之鸟。

5. 谋朝篡位,千刀万剐

刘瑾的专权使朝政混乱,他的索贿受贿也直接导致了地方矛盾的激化。官员们向他行贿后,必然要加重剥削百姓,逼得百姓走投无路,只好反抗。在刘瑾被处死后仅仅几个月,京城地区便发生了刘六刘七起义。

刘瑾在权势的路上越走越远,最后竟动了篡位之心。但是,刘瑾只顾自己作威作福,没想到其他的七虎正注视着他的一举一动。因为刘瑾大权独揽,时间一长,与七虎矛盾便逐渐激化。

1510年4月,武宗派都御史杨一清和八虎之一太监张永去平定安化王的叛乱。叛乱平定之后,在向武宗报告战况时,他们揭发了刘瑾的十七条大罪。武宗不禁大吃一惊,命令将刘瑾抓捕审问。第二天,武宗亲自出马,去抄刘瑾的家。结果发现了印玺、玉带等禁止百姓和官员私自拥有的禁物,在刘瑾经常拿着的扇子中也发现了两把匕首。武宗见了大怒,终于相信了刘瑾谋反的事实。

当年的8月,刘瑾被处以凌迟刑。行刑之时,许多人争相向刽子手买刘瑾的肉,或生吃,或祭坟,以泄心头之恨。刘瑾死后,其党羽包括内阁大学士焦芳、刘宇、曹元等六十多人或被处死,或削职为民,为祸多年的刘瑾集团被一网打尽。

专断国政,十恶不赦——魏忠贤

在明代有个被人们称为九千岁、九千九百岁的太监,他就是魏忠贤。这个称号形象地说明了他的地位与权势。魏忠贤本是一个目不识丁的赌徒、无赖,入宫后居然飞黄腾达,权倾朝野,把明代太监擅权推向了顶点,给国家和人民带来了沉重的灾难。

第二章　十恶不赦，恶贯满盈——历史上的奸宦

1. 自阉入宫，狼狈为奸

魏忠贤（1568～1627年），河间肃宁（今河北肃宁）人。原是个市井无赖，好逸恶劳，酗酒聚赌，无所不为。曾娶妻冯氏，并生有一女。22岁时因赌输了钱，不能维持生计，把自己阉了，跑到北京当了太监。他虽大字不识一个，但有胆量，能决断，又办事勤快，恭顺听话，而且更善于阿谀逢迎。所以很快就由一个充当杂役的小太监，被引荐到明神宗皇帝朱翊钧长孙朱由校及其母处服侍。神宗死后，由朱由校的父亲朱常洛继位，是为光宗。朱由校被立为太子。不久，光宗病逝。朱由校继帝位，是为熹宗。魏忠贤成为熹宗的亲信，"忠贤"的名字是熹宗给起的。

熹宗有个乳母客氏，18岁入宫当熹宗的乳母。她人长得漂亮，嘴又乖巧，很得太后的喜欢。两年后，丈夫去世，她便留在宫中。熹宗继位后，不忘客氏乳育之恩，把客氏封为奉圣夫人，连她的儿子侯国兴、兄弟客光先都受封及任职，客光先当上了锦衣卫千户。

明熹宗

明朝习俗，宦官与宫中女性，主要是宫女，也包括像客氏这样的妇女，暗中或公开结为名义上的夫妻。两宦官争一宫女之事，亦不乏其例。客氏原与太监魏朝相好，见到魏忠贤，便移情于他。魏朝与魏忠贤争客氏，意义不止于争一女，而是争宠于熹宗，自然更为激烈，甚至夜间于宫中喧闹。魏忠贤与客氏合谋，降旨将魏朝打发回凤阳，派人在途中将他杀死。两人由"假夫妻"的暧昧关系，发展到政治上的同盟关系。魏忠贤利用她与皇帝的特殊关系，让她在熹宗面前挑拨离间，煽动蛊惑，污蔑中伤，捏造罪名，把比自己权位高的、为人正直有

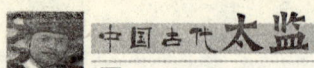

威望的、能与自己抗衡的、不买自己账的、或受到皇帝信任的宫中太监统统加以打压排挤，有的被逐出宫，有的被杀。不久，魏忠贤当上了司礼监秉笔太监。

客氏则利用魏忠贤的狠毒，由他出谋献策，或采取暗杀的办法，把与她不睦、和说过她坏话的嫔妃宫女逐个除掉，连受皇帝宠爱的皇后也差点被他们害死。天启元年（1621年），熹宗赐客氏香火田。熹宗即位后，客氏也大摆皇帝乳母的架子，常常轿来轿去，随便入宫。朝臣以乳母不得随意入宫为理由，劝谏熹宗遣客氏出宫，熹宗不听。

 2. 谋害忠臣，陷害皇后

明神宗在位后期，只顾玩乐，不理朝政，朝臣们逐渐分成了几派，相互间都是压制对方，抬高自己。他们曾为立朱常洛还是朱常洵为太子争论不休。宰辅大臣为言官所攻击，便借口有病辞职不干。吏部郎顾宪成在东林书院讲学，许多读书人和官员都很敬重他，常和他往来，便有了"东林党"的叫法。后来宫中连续发生了"梃击"、"红丸""移宫"三件大案，闹得沸沸扬扬的。和"东林党"人看法不同的，被认为是"邪党"。熹宗继位后，和"东林党"不和的官员几乎都被排斥了。这些人便想依靠魏忠贤与"东林党"作斗争。当时正直的朝臣如叶向高等，敢于直谏的官员如左光斗、魏大中、黄尊素等都在任，魏忠贤一时还不能得逞。

天启二年，魏忠贤的侄子魏良卿受荫为锦衣卫指挥金事。次年，魏忠贤兼管东厂。魏忠贤不仅手中有了权，还有了打手特务。他还在紫禁城内练兵，这些兵是魏忠贤训练的亲兵。在宫内练兵，又是由宦官掌握的兵，是史无前例的。后来，操练的人数增至上万人。

魏忠贤是看着熹宗长大的，对熹宗的脾气爱好摸得一清二楚。熹宗不爱读书理政，只喜欢做木工活，刨、凿、锯、漆样样精通。他干起来，全神贯注，雷打不动。魏忠贤便专门在这种时候，给熹宗送上奏章。熹宗只顾做活，便总是随口说："我知道了，你去办吧！"时间一长，魏忠贤便代熹宗理起政来。魏忠贤不识字，他处理奏疏，只能由王体乾念给他听，遇到重要的地方，夹一张白纸条或是用指甲划上一道痕，需加御笔殊批的，由王体乾代笔。朝

第二章 十恶不赦，恶贯满盈——历史上的奸宦

臣们明知是魏忠贤批复或决定的，也只好作为圣旨去执行。于是，魏忠贤利用这种机会，常常随意更改奏章，假传圣旨，发号施令。

魏忠贤实际已代理了熹宗的皇帝权力，但他还不满足，和客氏一起，对内宫后妃加以迫害。张皇后几次发现魏、客的勾当，便告诉熹宗，想以皇后身份惩处客氏。他们便怀恨在心，处处与皇后作对，并且使计导致皇后流产。又诬蔑皇后不是其父张国纪亲生，出身不正，要熹宗废掉她。这个阴谋没得逞，便又诬告张国正要谋反，想以此株连皇后。熹宗念及跟皇后的感情，保住了皇后的地位。但她所生的三男两女却都被他们暗中害死。魏、客对皇后都敢如此加害，对妃嫔则更甚。当他们得知裕妃有身孕后，便把她囚禁起来，活活将她饿死。冯贵人因劝熹宗制止宦官在宫中的操练，魏忠贤便以诽谤罪将她逼死。连光宗的妃嫔也不放过，一个假圣旨，赵选侍便被逼自杀。整个后宫，从皇后到妃嫔的性命，都操纵在魏、客的手里，因为他们的迫害，熹宗始终没有儿子。

魏忠贤利用手中的权力，对大臣们进行控制。他使用一打一拉的手段，凡是顶撞过他、反对他，曾就他的所做所为向皇帝进谏过的，都受到他的打击报复，罢官的罢官，革职的革职。

 3. 残害东林党，鱼肉百姓

魏忠贤利用厂卫等特务机构，随意抓人杀人，不论有罪无罪，捉了就打，连皇亲国戚也不例外。天启四年（1624年），魏忠贤制造了第一次迫害东林党人的冤狱，以受熊廷弼贿赂的罪名逮捕了杨涟、左光斗、魏大中、周朝瑞、袁化中、顾大章六人，向他们追赃。锦衣卫北镇抚司对六人施以械、镣、棍、夹杠等各种酷刑，使顾大章自杀，杨涟被铁钉通耳，左光斗筋骨全被打断裂，疼痛而死，尸体腐烂长满了蛆，连称赞杨涟奏章写得好的吴怀贤也不能幸免，被杀头抄家。后又杀了辽东经略熊廷弼。历史上称为"前六君子"事件。

天启六年（1426年），他又采取同样的手段，将东林党人周启元、周顺昌等七人捕入狱中害死，其受毒刑程度更超过前六人。历史上称为"后七君子"事件。

他指使爪牙肆意开具黑名单，把不肯依附他的人，一概指为东林党。于

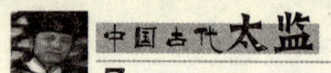

是死党崔呈秀《东林同志录》、王绍徽《东林点将录》、阮大铖《百官图》等黑名单竞相而出。魏忠贤还嫌不全,竟索性以皇帝名义颁布了《东林党人榜》,开具了三百零九名。凡列入名单的"生者削籍,死者追夺,已经削夺者禁锢"。魏忠贤兴冤狱,大搞特务统治,真是到了无以复加的程度!

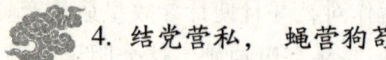

4. 结党营私,蝇营狗苟

不少官吏,为保自己的乌纱帽,不惜出卖气节,投到魏忠贤门下,甚至跪倒在魏忠贤的膝下。先后有80多个大臣投到魏忠贤门下,形成阉党,其中的"五虎"、"五彪"、"十狗"、"十孩儿"、"四十孙"是阉党的骨干。"五虎"是文官中的崔呈秀、田吉、吴淳夫、李夔龙、倪文焕。"五彪"是武官中的田尔耕、许显纯、崔应元、杨寰、孙云鹏,他们不是都督就是锦衣卫、东厂的官员,是杀人不眨眼的刽子手。"十狗"中有周应秋、顾秉谦、魏广微等,魏忠贤迫害正直大臣都是由他们起草诏令、以皇帝的名义颁布。魏忠贤在宫内还有王体乾、李朝钦、王朝辅等30多个宦官为心腹。里里外外,从内阁到六部,从中央到地方,遍布魏忠贤的死党亲信。

魏忠贤屡次受封赏,封为上公,恩加三等,诏赠祖先四代。祖父荫都督同知,弟为锦衣千户,族叔为都督佥事,外甥为左都督。侄子魏良卿早当上锦衣卫佥事,掌管南镇抚司,先后被封为肃宁伯、肃宁侯、晋国公。族孙魏希孔等五人,姻戚董芳名、杨六奇等都当上左右都督、都督同知、都督同佥,掌握了军权。连2岁的侄孙也封为伯,3岁的侄儿封为侯,还加太子少师、太子太保的衔,真是滑天下之大稽。

魏忠贤把熹宗架空了,成为没坐在天子座上的天子,自称为"九千岁"。他根本不把熹宗放在眼里。外地官员也想通过巴结魏忠贤得到好处。天启六年,浙江巡抚潘汝桢写了个奏本,提议给魏忠贤建生祠(即在魏忠贤还活着时,给他立庙、祭祀)。魏忠贤当然乐于接受,马上以熹宗名义批准了。潘汝桢勒令百姓出钱建造。两个多月,祠在杭州西湖畔建好了,建得和宫殿一般讲究,用金子铸的塑像,内脏用珠宝镶成,衣袍和皇帝所穿的差不多,魏忠贤赐名为"普德祠"。在落成典礼上,潘汝桢率本地官员向魏的塑像行三跪五叩礼。南京、宣府、大同、遵化、天津、开封、淮安、固原、北京城内外纷

第二章 十恶不赦，恶贯满盈——历史上的奸宦

北京宦官文化陈列馆

纷仿效，到处给魏忠贤建生祠。魏的人像，有用沉香木的、有用金子的、有的还给头像戴上皇帝才能用的冠冕。各地相互攀比，每建一座，要花上数万两甚至数十万两银子。官员如对生祠塑像不恭，就要被罢官削爵。蓟州道胡士容不同意修祠，遵化道耿如杞对魏忠贤的塑像没有下拜，都被捕入狱，被活活打死。甚至有人提议魏忠贤的塑像可放入孔庙，和孔子一样受人拜祭。

 5. 十大罪状，罪有应得

天启七年（1627年）秋八月，年仅23岁的熹宗终因荒淫无度而死去，遗命五弟、信王朱由检即帝位，是为思宗，年号崇祯。崇祯一向熟知魏忠贤的罪恶，一直非常警惕。阉党杨维垣首先攻击崔呈秀以试探皇帝，主事陆澄原、钱元悫，员外郎史躬盛便先后上奏章抨击魏忠贤。但皇帝仍然不表态。接着，嘉兴贡生钱嘉徵弹劾魏忠贤十大罪状：（1）和先帝相并列；（2）危害皇后；（3）大搞宫内操练；（4）目无高祖、成祖和皇帝

75

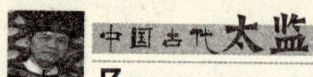

其他祖先；（5）克扣削减对藩王的封赠；（6）目无圣人孔子；（7）滥授爵位；（8）掩盖边疆将士的功劳；（9）搜刮老百姓；（10）行贿、说人情。奏疏给皇帝后，皇帝把魏忠贤召来，让太监读给他听，魏忠贤心里明白大势已去。十一月，魏忠贤被免去司礼监和东厂的职务，谪发凤阳守祖陵。这招生效后，崇祯皇帝即命锦衣卫擒拿魏忠贤。魏忠贤在去凤阳的途中刚走到阜城，听到了风声，和亲信李朝钦一起上吊自杀。皇帝下令断尸碎骨，把头砍下来，挂在其家乡河间示众。把客氏鞭死在浣衣局。魏良卿、侯国兴、客光先等都被弃市，并暴尸街头，没其家产。

崇祯二年（1629年），皇帝命令大学士审定这起叛逆案件，才把魏忠贤的党羽全部清除，重新起用东林党人。

 知识链接

左右国君的夙沙卫

夙沙卫是齐灵公时期的一位宦官。他深受齐灵公的宠信，经常参与朝政，在决定军国大事的过程中，能起到举足轻重的作用。有一次，齐国讨伐莱国，莱国用几百匹牛、马贿赂了夙沙卫，夙沙卫就怂恿齐灵公召还了齐国军队。可见，他甚至可以左右国君。后来，在晋国与齐国的战争中，夙沙卫又一次为齐国出谋划策，并与齐灵公争辩不休。虽然他的意见最终未被采纳，但足见他在国家大事上有着重要的发言权。齐灵公死后，夙沙卫起兵反对新即位的齐庄公，兵败后被酷刑处死。

第二章 十恶不赦，恶贯满盈——历史上的奸宦

第二节
欺上凌下、窃弄权柄的太监

独专国政，危害朝廷——黄皓

黄皓，三国时期人，生卒不详，蜀汉后主刘禅时的宦官。诸葛亮临死之前，劝勉刘禅要善于用人，但是，刘禅对诸葛亮的恳切之语置之不理，成天与宦官黄皓在一起厮混。侍中董允曾经严厉斥责黄皓，黄皓也有些畏惧董允，但刘禅一直要把黄皓留在身边。

正始七年（246年），董允死，接替侍中一职的是汝南人陈祗。陈祗与董允不同，他讨好宦官，"上承主指，下接阉竖，深见信爱"，"与黄皓互相表里，皓使预政事"。

陈祗死后，黄皓由干预政事发展到专权。他从黄门令迁为中常侍、奉车都尉，操弄国柄，做尽了坏事。

一是迫害皇族。刘永是先主刘备的儿子、后主刘禅的庶弟，他有头脑，明辨是非。《三国志·刘永传》记载"皓既信任用事，谮构永于后主，后主稍疏外永，至不得朝见者十余年。"

二是迫害官吏。黄皓与外戚阎宇等勾结，排斥异己，吏部郎罗宪就是其中的受迫害者。《三国志》记载："时黄皓预政，众多附之，宪独不与同，皓愤，左迁巴东太守。"

三是危害军务。蜀国一直与曹魏打仗，姜维常年率兵征战，刘禅不仅不全力以赴搞好军需供给，反而放纵黄皓搞破坏活动。《三国志·姜维传》记

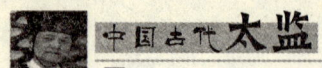

载:"宦官黄皓等弄权于内,右大将军阎宇与皓协比,而皓阴欲废维树宇。"黄皓要把阎宇推到前台,代替姜维,必然导致蜀国出现矛盾。任何一个政权,一旦出现这种权力之争,就会大伤元气。

　　姜维知道黄皓作祟,非常恼火。景元三年(262年),姜维攻魏洮阳,为邓艾所败,因畏惧黄皓,竟不敢回成都,退往沓中(今甘肃舟曲西、岷县南,腊子口西南),由此蜀国军政分裂。第二年,姜维请派廖化等扼守关隘,以防不测。"皓征信鬼巫,谓敌终不自致,启后主寝其事,而群臣不知。"结果,钟会、邓艾率魏军攻进了成都,蜀亡。

　　黄皓很狡猾,当他被邓艾捉住以后,以厚金贿赂邓艾身边的人,竟然免死。及后主刘禅迁居洛阳,黄皓才被司马昭凌迟处死。

　　黄皓,蜀汉灭亡的罪魁祸首,即便他不像秦代太监赵高一样有着大权力,但还是能把蜀汉给灭掉。如果他有一天权力像赵高一样大,那就更为可怕。黄皓一生都没有做过什么大气的事来,只干些阴险的勾当。而且此人城府极深,甚至连姜维都猜不透他的意图,可见此人之狡诈!

 谋害国家,郁郁而终——石显

　　石显是西汉时期著名的宦官,他本是富家子弟,后因受宫刑入宫,先后侍奉过汉宣帝、汉元帝、汉成帝三位皇帝,一度权势炙人,最终却死于非命。石显生活在西汉王朝由盛转衰的历史时期,对西汉的衰落负有不可推卸的责任。

1. 僭越弄权,迫害帝师

　　石显,字君房,济南人。生卒不详,据史书记载,石显出生于"山东名族"、"礼仪之家",但少年时期的石显,依仗家族势力,横行乡里,欺压百姓,是个远近闻名的恶少。他长期骄横放纵,目无法纪,最终以身试法,被处以腐刑,并按惯例送进宫中服役。

　　汉宣帝时不喜欢儒家,通晓法律的石显被任命为中书仆射,石显与另一宦官中书令弘恭结成了死党。汉宣帝是一位来自民间的皇帝,他励精图治,

第二章 十恶不赦，恶贯满盈——历史上的奸宦

知人善用，是一位难得的中兴之主。他虽然信任弘恭、石显，但并未将朝政大权交给他们。直到汉宣帝去世后，汉元帝继位，接替了弘恭中书令职位的石显才开始了窃权与弄权生涯。

汉宣帝在病逝前，把朝廷大权交给了三位大臣：一位是外戚史高；另外两位是元帝的师傅萧望之和周堪，这两人都是当朝德高望重的名儒。汉宣帝在病中，拜萧望之为前将军光禄勋，拜周堪为光禄大夫，两人兼领尚书事。汉元帝是一位平庸的皇帝，但对两位师傅非常敬重。他在即位之初，经常宴见萧望之和周堪，议论朝政。他对于两人推荐的人选，均委以重任，对师傅信任有加。

汉元帝在亲贤臣的同时，却不愿远小人。他一面重用萧望之等名臣，另一面又宠信中书令弘恭和中书仆射石显。此时的石显已是一个官场老手，他口舌灵巧，头脑狡黠，不但精通政务，而且善于揣测圣意，凭着这套本领，很快赢得了元帝的欢心与信任。随着宠信的加深，中书的权力日益增大，弘恭与石显开始以久典枢机、熟悉朝政的优势，常常为难甚至抵制领尚书事萧

北京宦官文化陈列馆

望之、周堪的意见，从而导致了两位帝师的反感。于是，朝中逐渐形成了以弘恭、石显为首的中书势力和以萧望之、周堪为首的外朝势力的对立，双方明争暗斗，愈演愈烈。

有次萧望之弹劾外戚车骑将军史高和侍中许章，石显认为时机到了，找来与萧有隙的两个人向元帝上书，诬告萧搞阴谋离间皇帝与外戚的关系；接着又趁萧休假之际让人向元帝上奏章，元帝将此事交石显的同伙太监弘恭处理。弘恭在向元帝报告时说，萧结党营私，多次进攻朝中大臣，目的是独揽大权，请皇帝"谒者召致廷尉"，其实就是逮捕入狱。元帝即位不久，见这几个字也不甚明白，就批准了。过了好久，元帝因见不到萧，就在朝上问起，才知萧已入狱。因是自己批准的，元帝也无法责备，只是催着要放萧并复职。石显对元帝说，您才即位就关了自己的老师，大家总认为是有充分理由的，要是无缘无故放了，等于承认皇帝错了，会影响您的威望。元帝听了觉得有理，就下诏释放萧，但革职为民。过了几个月，元帝觉得有点过意不去，又下了诏令封萧望之为关内侯并准备让他当丞相。想不到此时萧望之在朝内当散骑中郎的儿子萧汲认为皇上既然又重用父亲，就上书替父亲上回入狱之事鸣冤，反使元帝恼羞成怒了，下令调查。石显就趁机对元帝说："萧望之当将军时，就排挤皇上亲近的大臣，仗着是皇上的老师想独揽大权，那时就该治他的罪。现在皇上封侯赐官，他不仅不感恩，反而心怀不满，纵子上书，实在太不应该了。不送他到监狱清醒一下，将来朝廷怎么能用他呢？"元帝觉得萧望之年岁大了，怕不堪受辱会自杀。石显却道："上次入狱他都没有自杀，这回只是犯了言语之罪，他更不会自杀了。"于是元帝批准逮捕萧望之。石显立即派人包围了萧家。萧望之见了元帝的诏书，心情难以名状。他不甘再受入狱之辱，服毒自杀。

狡猾的石显害死萧望之以后，为了逃避罪责，欺骗舆论，他在皇帝面前极力推荐当时的名士贡禹。最后，贡禹在石显的推荐下，当上了御史大夫。石显对他特别尊敬，这招果然奏效。人们都以为石显能举贤，再也不怀疑萧望之的死是石显出于妒贤嫉能才加害于他的了。

汉元帝对萧望之自杀一事追悔不已，他把对萧望之的怀念，寄情于另一位师傅周堪身上。不久，他将周堪升为光禄勋。周堪又引荐了学生光禄大夫

第二章 十恶不赦，恶贯满盈——历史上的奸宦

张猛。张猛是汉武帝时出使西域的张骞的孙子，为人正直。汉元帝加官猛与周堪为加官给事中，出入宫禁，大见信任。张猛的加入，无疑增添了朝廷里正直派的力量。然而，周堪是萧望之的好友，石显自然视为异己，极力排斥，便将黑手又伸向了他们。

永光元年（前43年）四月，太阳出现黑子，"大如弹丸"。石显及其同党便大造舆论，扬言这是因为周堪、张猛才导致天象的异常，元帝将信将疑。汉元帝面对众议，又一次听信谗言，糊里糊涂地将周堪贬为河东（今山西夏县）太守，命张猛为槐里（今陕西兴平）令。

周堪出朝后，石显专权益甚。但不久，关陇地区又出现了日食和地震。元帝想起了周堪、张猛，觉得他们被贬在外，实在冤枉。元帝又诏令周堪、张猛立即回朝就职，复拜周堪为光禄大夫、领尚书事，成为中书机构的领导。张猛被任命为大中大夫，兼给事中。

自弘恭死后，石显继任中书令，中书机构逐渐被石显牢牢控制。当时，中书仆射牢梁与另外五名尚书都是石显的党羽。周堪虽然担任了领尚书事，名义上是石显等人的顶头上司，可什么都插不上手，完全被架空。周堪虽耿直不屈，但孤立无援，眼睁睁地看着石显操控朝政而无能为力。此时，周堪已年迈体弱，他整天义愤填膺，不久发病，口不能言，活活气死。周堪死后，张猛势单力薄。石显诬以重罪，使其不得伸张，并逼他自杀于公车署内。

 2. 蒙蔽元帝，独断专权

史家对汉元帝刘奭的评价是"柔仁好儒"，元帝确实是一个性格柔弱、优柔寡断的人。汉元帝的性格除了柔弱之外，还有一个致命弱点，就是遇事毫无主见。他经常出尔反尔，政策随意性强。石显正是利用汉元帝的这些性格缺陷，经常采取提建议的方式，让元帝服从自己的意志。

汉元帝有一名叫冯媛的昭仪，很受宠爱。当时冯媛的父亲冯奉世因镇压陇西羌民反叛有功，升为左将军；冯媛的几位兄弟也都位居高官，在朝中很有势力。石显为了结交冯奉世，向元帝推荐冯奉世的长子冯逡为官。元帝召见冯逡，欲拜为侍中。冯逡却不买石显的账，乘面见元帝之机，痛斥石显专权误国。汉元帝非但不听，反而没有任命冯逡。石显得知此事后，对冯氏父

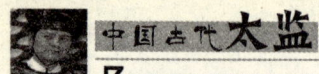

子恨之入骨。不久,御史大夫李延春病故,朝中大臣一致推举冯媛的兄长大鸿胪野王接任此职。元帝征求石显的意见,石显伺机报复冯氏父子,便冠冕堂皇地说:"在九卿大臣之中,论才能没有谁能比得上野王,然而野王是冯昭仪的兄长,如果任用野王,我担心后世会说陛下度越众贤而私任官亲。"元帝听后点头称是,遂不用野王。野王明知其故,也无可奈何,只好感叹说:"别人都以女宠身居高位,我冯氏兄弟却因此不得升官。"

石显为人巧慧阴险,诡计多端。他知道自己专权日久,很不得人心,如果稍有闪失,便会招来攻击与非议。于是,他处心积虑地想出了一些花招,骗取了元帝的完全信任,使元帝听不进任何对石显不利的言论。

石显靠着各种蒙骗技巧,欺上瞒下,在元帝一朝终宠不衰。元帝后来则把朝政一股脑儿全推给石显。朝中大小事务,均由石显来向元帝汇报,也多由他裁决。石显的权势达到了顶峰,他大肆清除政敌,党同伐异,不少人为此遭殃。他陆续害死反对自己的京房、郑弘、张博、贾捐之、苏建等人,并迫害陈成、朱云、王章等正直朝臣,心狠手辣,权倾朝野。据史料记载,石显"贵幸倾朝,百僚皆敬事显"。满朝文武百官,无不畏惧以石显为首的中书势力,处处小心谨慎,甚至走路时都不敢稍有疏忽大意。

石显就是这样在不露声色中置人于死地,他既能取得儒生的信任,又能得到皇帝的重用,许多事情被他弄得真假难辨,有时连当事人都分不清对与错。他一生几乎没有受到大的挫折,家财惊人。元帝死后,汉成帝即位。成帝重用外戚,石显失宠,再也没有抬起头来,可是,多次对他的弹劾也找不到大的把柄,只好把他撵回家。红极一时的石显一下想不通,在归乡的途中拒绝饮食,一命归天。石显死后,他的党羽也纷纷被免官。

综观其一生,他的害人艺术叫人有苦说不出、有冤无法诉;他的自保艺术却又是叫人抓不住、抓到也理不清。真正是做到了陷人有术与自保其身的天衣无缝。

石显专权对尚书台权力的形成有很大的推动作用,从而为东汉酷烈的宦官之祸开了先河。可以说,石显是西汉衰落的始作俑者。

第二章 十恶不赦，恶贯满盈——历史上的奸宦

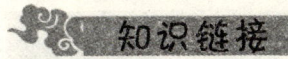

心胸狭隘的贾举

贾举是齐庄公时期的一位宦官，不知何故受到国君的鞭打。贾举心胸狭窄，他遭受齐庄公的鞭责后，心怀不满，甚至滋生了报复之心。当时，齐庄公与朝臣崔杼的妻子私通，招致了崔杼的怨恨。崔杼便与贾举秘密合谋，将齐庄公杀于崔杼的府第，另立齐景公为君。宦官勾结朝臣发动弑君政变，这是中国历史上的第一例。

结党营私，劣迹斑斑——张让

张让是东汉最后一位权阉，他当权期间，与其他宦官狼狈为奸，操纵灵帝，卖官鬻爵，残害忠良，鱼肉百姓，可谓劣迹斑斑。在宦官势力的操纵下，朝政黑暗，社会动荡，东汉王朝最终走向灭亡。张让作为宦官集团的首恶，结果也难逃其咎，其被迫投河自尽，成了东汉王朝的陪葬者。

1. 狐假虎威，权势熏天

张让（？—189年），东汉宦官，颍川（今河南禹县）人。他在小的时候便经人引荐入宫，成为一名小宦官。像其他宦官一样，张让刚入宫时主要承担一些杂役，地位比较低下。但凭着自己的机灵能干，他逐渐有了一定影响，史载他在"桓帝时为小黄门"，即负责内宫与尚书省及外界联系的小宦官。官虽不大，但这是宦官中权势较为显赫的职务，汉制规定此职只有20个名额，入选者一般为有一定资历或立过功的宦官。张让经过20年的奋斗，在35岁

时，终于爬上了这个位置。

汉桓帝是一个昏庸的皇帝，他一生宠信宦官，压制朝臣，掀起"党锢之祸"，把朝政搞得乌烟瘴气。永康元年（167年）十二月，汉桓帝病逝。他荒淫了一辈子，死后却没有留下一个儿子。窦皇后立皇室子弟刘宏为皇帝，是为汉灵帝。汉灵帝即位时年仅12岁，由窦太后摄政。窦

北京宦官文化陈列馆

太后非常厌恶宦官干政，决定依靠朝臣集团，一举铲除宦官势力。当时，朝臣主要以窦太后的父亲、大将军窦武与太傅陈蕃为代表。宦官集团以中常侍曹节为首，他因迎灵帝即位有功，被封侯。那时，张让是宦官集团中的一员骨干，"与曹节、王甫等相为表里"。窦武和陈蕃密谋，制订出打击宦官的计划，但计划泄露。窦武在大军追击下被迫自杀，陈蕃也被抓入大牢而死。

曹节死后，张让逐渐崭露头角，最后成了宦官集团的首领之一。灵帝在位后期，封12名宦官为中常侍，世称"十常侍"，就是以张让、赵忠两人领衔的。中常侍负责管理皇帝的文件和代表皇帝发布诏书，是皇帝最亲近的人，也是宦官中最重要的职位。他们专权乱政，朝臣与老百姓都恨之入骨，而昏庸的灵帝却对他们宠信有加，灵帝甚至对别人说："张常侍（张让）是我爹，赵常侍（赵忠）是我妈。"成为千古笑柄。

以张让为首的宦官集团依靠皇帝的宠爱，专权擅政，残害忠良，为非作歹。他们呼朋引伴，排斥异己，对不愿阿附自己的朝臣，肆意诬陷打击。而顺之者，则能免祸升官。北中郎将卢植，曾率军大破黄巾军，但因不愿贿赂宦官，宦官诬以作战不力。卢植被免官，打入囚车，送至京师，险些问斩。谏议大夫刘陶上书，"言天下大乱，皆由宦官"。于是宦官进谗言，刘陶被下狱气死。司徒陈耽"为人忠正，宦官怨之，亦诬陷，死狱中"。

2. 同流合污，卖官鬻爵

张让深知自己的一切来源于皇帝的庇护，于是，他想方设法满足灵帝的各种欲望，把灵帝伺候得舒舒服服的。同时，他自己伺机揽政敛财，可谓一举两得。汉灵帝也是中国历史上最卑劣的皇帝之一，主仆两人一拍即合。

汉灵帝的第一个嗜好是好色，张让便投其所好，怂恿灵帝在宫内建"裸游馆"。馆内种有荷花，盛夏季节，汉灵帝让宫女在其中沐浴嬉戏，并奏乐纳凉。汉灵帝还命人把西域进献的茵犀香煮成汤给宫女们洗澡，香水流成一条河，灵帝把它称为"流香渠"。

汉灵帝的第二个爱好便是玩乐。他时常想到集市上去玩。但张让担心皇帝出宫后，对自己的不法行为有所察觉，尤其是自己的豪宅难以掩饰，便以安全为借口，千方百计阻挠皇帝出宫。张让为了满足皇帝的兴趣，他在后宫仿建街道、市场，店铺里摆上从各地搜刮来的奇珍异宝，然后让宫女、嫔妃装扮成商人、顾客或卖唱的、耍猴的，大家煞有介事讨价还价，热闹非凡。灵帝则装扮成商人的模样，混迹于店铺或酒肆之间，或与店主讨价还价，或与顾客吵嘴打架，整天乐此不疲。

张让为了满足灵帝的玩心，挖空心思，花样百出。他派人找来四头瘦驴，拉着一辆矮车，让灵帝坐在车中，在宫内到处游逛。开始，驴车由专门的驭手驾驶，后来灵帝亲自驾车，乐不可支。结果上行下效，大臣们纷纷仿效。不久，这种做法竟然传出宫外，成为轰动一时的时尚。整个洛阳城内，人们竞相坐驴车，导致"洛阳驴贵"。

汉灵帝的第三个爱好是贪财。汉灵帝即位前，虽属皇族旁支，但已是一个落魄的亭侯子弟。正因为曾经尝过苦日子的滋味，汉灵帝深知金钱的重要，当了皇帝后仍非常贪财。张让了解皇帝这一特性，便助长他的贪欲。在张让的怂恿下，光和元年，汉灵帝在西园开办了一个官吏交易所，明码标价，公开卖官。基本标准是：地方官比京官价格高一倍，县官价格不一。求官的人要公开投标，按纳钱多少竞争上岗。各种官职都有固定价格，有时也根据求官人的地位和经济实力而浮动。在这种机制下，许多富翁豪强纷纷做了大官，一些贫寒的读书人反而被排挤出官僚行列。这些买官者一上任，便想方设法

搜刮民脂民膏,以捞回本钱,导致吏治腐败,老百姓苦不堪言。

由于卖官尝到了甜头,汉灵帝后来变本加厉,规定官吏升迁也要按价纳钱。当时官员上任要先支付相当于他25年以上的合法收入,许多官员被如此高额的费用吓得弃官而走。有位素有清名的司马直被任命为巨鹿太守,也被诏令交钱300万。他拿不出这笔钱,又不愿侵扰百姓,怅然地说:"做官应为民之父母,如今反而盘剥百姓,我心不忍。"于是辞官归里,行至孟津,上书极陈时政之弊,然后服毒自杀。

既然皇帝与自己同流合污,以张让为首的宦官集团敛财更加有恃无恐。他们敲诈官吏,鱼肉百姓,中饱私囊,积聚了大量财富,"并起第宅,拟则宫室"。一天,汉灵帝想登高望远,宦官们害怕自己的豪宅被发现,纷纷劝阻说:"天子不当登高,登高则百姓虚散。"灵帝信以为真,自此不敢登临台榭。

3. 宫廷政变,畏罪自杀

中平六年四月,34岁的汉灵帝在洛阳病逝,张让的好日子也走到了尽头。张让的发迹得益于一场宫廷政变,其覆灭也归于一场宫廷政变,真可谓成也萧何,败也萧何。

汉灵帝有两个儿子,长子刘辩为何皇后所生,本为皇位的自然继承人。但何皇后骄横专妒,汉灵帝非常讨厌她,因此也不喜欢刘辩。汉灵帝喜欢小儿子刘协,刘协为王美人所生。王美人姿色过人,且知书达理,深得灵帝宠爱,却招来了何皇后的妒忌。王美人生下刘协后,何皇后便鸩杀了她。灵帝大怒,差点废了何皇后。何皇后用重金贿赂张让等宦官,让他们从中说情,才保住了皇后的凤冠。灵帝思念王美人,更同情从小失去母亲的刘协,想把皇位传给他,作为补偿。但灵帝是一个优柔寡断的人,始终下不了决心立谁为太子。

宦官上军校尉蹇硕看透了灵帝的心思。他是灵帝的心腹,素来讨厌何皇后之专横,更忌恨其兄大将军何进的权势,力劝灵帝立刘协为太子。灵帝虽点头称是,却迟迟不肯下诏书。直到病重之际,灵帝才单独把蹇硕召进宫中,对他说已下决心立次子刘协为太子。蹇硕临危受命,感激涕零。蹇硕此时虽

第二章 十恶不赦，恶贯满盈——历史上的奸宦

然掌握着皇家卫戍部队，但他知道，在嫡长制的世袭制度下，废长立幼，有悖常理，何况刘辩的生母是当今皇后，舅舅何进又是手握重兵的实力派人物，自己通过正常途径难以达成目的。于是，蹇硕决定先下手为强，诛杀何进后再立刘协。当时，汉灵帝的灵柩停放在殿中，蹇硕在四周布下伏兵，只待何进入殿拜奠时将其杀死。但消息外泄，何进又惊又怒，命人将蹇硕逮捕处死。

蹇硕死后，宦官头子张让、赵忠等人惶惶不可终日。在袁绍等人的劝说下，何进决定逐步铲除宦官。何太后开始还庇护宦官，但经不起朝臣的压力，被迫解散中常侍、小黄门，只把几个与何进关系好的宦官留在宫中。何进、袁绍的行动引起了张让等人的恐慌，他们得悉何氏正在密谋诛杀宦官之事，决定孤注一掷，发动宫廷政变。张让假传太后诏令，召何进入宫议事，然后在宫中杀死了何进。何进的部将吴臣、张章获悉何进被杀，急忙调集军队包围了皇宫。袁绍也带人冲入宫中，他命令军士见宦官就杀。由于大家分辨不清谁是宦官，见着没长胡须的男子就砍，不少没有胡须的官员做了冤死鬼，一时间杀死了两千多人。

张让等人在混乱之际，挟持少帝刘辩与刘协兄弟俩步出北门，夜走小平津，逃到黄河岸边。这时，尚书卢植等人率军赶来，指着张让喝道："乱臣贼子，尚想逃生，今天逃不了了！"张让自知难免一死，跳河自尽，结束了罪恶的一生。至此，东汉为非作歹一百余年的宦官势力全部覆灭。作为东汉的末代权阉，张让虽然跳进黄河而死，但他一生干尽坏事，其罪恶真是"跳进黄河也洗不清"！

作恶多端，丑陋一生——李辅国

唐肃宗时期是唐朝由盛转衰的分界线，究其原因，除了"安史之乱"的影响外，便是宦官乱政的结果。唐肃宗在位期间，宠信宦官李辅国。李辅国依恃唐肃宗的宠爱，控制军权，把持朝政，甚至任意废置天子，奴视百官，开了唐朝宦官乱政的先河。他一生为非作歹，死后被谥为"丑"，真是再恰当不过了。

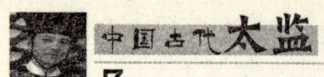
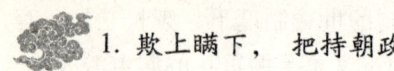

1. 欺上瞒下，把持朝政

李辅国（704—762年），本名静忠。他出身卑贱，年少被阉。入宫之初，他在大宦官高力士手下当仆役，负责为皇室养马。李静忠相貌丑陋，生性诡诈，但粗通文字，尤其是畜牧技能较高，受到专掌车舆马牛的闲厩使王鉷的赏识。天宝年间，王鉷推荐他到东宫做了太子侍卫，为其攀龙附势提供了极好的机会。当时，太子李亨因与宰相李林甫不和，多次遭到李林甫陷害，处境危急，甚至被迫与心爱的韦妃离婚。在危难之中，李静忠给了李亨许多抚慰，还帮他处理一些太子不方便出面的事。因此，李亨对李静忠一直相当信任。

天宝十四年（755年），"安史之乱"爆发，叛军所到之处，望风披靡，直逼京都长安，唐玄宗仓皇出逃。太子李亨则奉命在后安抚百姓，安土重迁的百姓们希望太子留下抗击叛军。李辅国也以国家大义劝说太子留下抗敌，太子遂与玄宗兵分两路，北上灵武。李辅国又劝太子迅速称帝，以安民心。

756年，太子李亨在灵武即位，是为唐肃宗，遥尊唐玄宗为太上皇。肃宗性格懦弱，此刻见李辅国忠心拥戴，便视其为左右臂，赐名"护国"，后又改名"辅国"，把军政大事都委托于他。

至德二年（757年），唐军收复长安，肃宗回京。李辅国被授予少府、殿中二监，封郕国公，由一个普通宦官一跃成为朝中暴贵。从此，李辅国开始专权恣肆，把持朝政。宰相和百官除日常朝见外，奏事必须经由李辅国才能面见皇帝。

李辅国为了监视朝官大臣，专门设置了特务机构，到处窥探情报。他置"察事厅子"数十人，侦查官员活动。官吏稍有小过，无不探知，随即加以传讯。察事厅子所到之处，横加追索，诸司不敢抗拒。当时，京城长安一带的司法审判案件，都由李辅国决定。皇帝颁发诏书也由他签署后才能施行，属臣无人敢有非议。李辅国经常居住在皇宫内宅，"口为制敕"，即把自己的意见写在纸上便直接当诏旨施行。他出宫时，则以300卫士护卫，俨然一位皇帝。宰相李揆对他执子弟之礼，称他为"五父"，可见李辅国权势之盛。

第二章 十恶不赦,恶贯满盈——历史上的奸宦

2. 谋权固位,残杀异己

李辅国在灵武时已开始执掌军权,回到京师后,他不仅掌管宫内事务,还"专掌禁兵",开创了唐朝宦官掌控禁兵的先例。此例一开,从此便一发不可收拾。宦官们凭借手中的禁兵军权,挟持皇帝和百官,从而控制地方,成为唐朝宦官之祸的主要源头。李辅国军政大权在握,为所欲为,无所顾忌。

肃宗一直受李辅国蛊惑,对他宠信有加,李辅国的官职一路升到兵部尚书、开府仪同三司。肃宗不但使他位极人臣,而且对他的私生活都十分关心。他亲自为李辅国娶元擢之女为妻,并将元擢迁为梁州长史。足以见得肃宗对李辅国的宠爱。

唐肃宗对自己的家奴溺爱有加,导致李辅国恃宠而骄,目中无主,甚至代行人主之权。肃宗后来明白过来,想诛杀李辅国,却畏惧他手握军权,无法动手。此时,肃宗才尝到太阿倒持的滋味。

757年,唐朝官军在郭子仪、李光弼的统领下击败叛军,收复长安、洛阳两京。肃宗从四川接回玄宗,尊为太上皇。唐玄宗起初过着无所事事,但尚算自由的生活。肃宗与李辅国都怕玄宗复位,因此在肃宗的默许下,李辅国对玄宗步步紧逼。初则把玄宗喜欢的三百匹马收回大半,仅留下十匹;继则强令玄宗迁到皇宫内宫,只留下几个老弱病残之人伺候玄宗;然后又把对玄宗一直忠心耿耿不离不弃的心腹宦官高力士以"潜通逆党"的罪名,流放于巫州,强令玄宗的亲信官员陈玄礼致仕。唐肃宗曾数次想看望重病中的玄宗也因李辅国的阻挠而未成行。唐玄宗失去了往日的荣华,父子相猜,高力士又不在身边,心中的苦闷无处排遣,抑郁成疾,于宝应元年(762年)病逝。

肃宗虽然猜忌太上皇,但毕竟父子情深,在防范玄宗的同时,难免心怀愧疚。玄宗病逝时,肃宗也已患病在身。他突遭父丧,病势加重,不久驾崩。

3. 勾结皇后,反目成仇

李辅国之所以为所欲为,还得益于与肃宗皇后张氏的勾结。李辅国与张皇后的关系,有一段恩怨转换的过程。两人因权力而走到一起,最终又因权

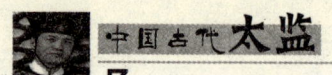

力而分道扬镳,甚至反目成仇,属于典型的"窝里斗"。

张皇后与李辅国内外相应,控制政权。他们对不利于自己的人,无论是高官还是显贵都是除之而后快。

肃宗的次子建宁王李倓聪明过人,尽心辅佐太子广平王李豫,深得皇帝的欢心。然而由于张皇后与李辅国的中伤,以致最后皇帝下诏赐死了建宁王。李辅国与张皇后的狼狈为奸是为了各自的利益。可是在肃宗病重期间,李辅国与张皇后在决定由谁继承大宝的问题上发生了尖锐的冲突。李辅国支持太子李豫登基,而张皇后支持越王李系。

张皇后为了便于自己将来继续插手政局,密谋准备杀掉太子,策划越王继位。此举被李辅国的同党发现,李辅国等首先把太子保护起来,然后冲进皇宫,抓获了越王及其支持者百余人。张皇后闻变,慌忙逃入肃宗寝宫躲避。李辅国带兵追入长生殿,逼迫张皇后出宫。肃宗受此惊吓,一时说不出话来,李辅国乘机将张皇后拖出宫去。肃宗本是将死之人,又亲眼见妻子被家奴押去受死,自己贵为九五之尊,却无能为力,当天在惊吓和羞辱中死去。李辅国杀掉越王李系,引太子李豫入宫即位,是为代宗。代宗将张皇后废为庶人,不久后赐死,张皇后余党亦全数伏诛。

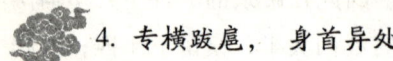

4. 专横跋扈, 身首异处

代宗即位后,李辅国因拥戴之功,由兵部尚书、判元帅行军司马升为尚父、司空兼中书令。唐代中书省承旨制定法令和诏书,是立法机构。中书令掌管中书省事务,地位十分重要,属于宰相之一,从此他更加专横跋扈。代宗素来讨厌李辅国专权,但他表面上不动声色,暗中却在等待有利时机,打算一举铲除李辅国。就在这一年,宦官程元振掌握了部分禁军,暗中谋夺李辅国之权,代宗知道机会来了。程元振原是李辅国的同党,但随着自己权力的增加,逐渐与李辅国反目。他秘密奏请代宗制裁李辅国。有了同样手握兵权的程元振的支持,代宗吃了一颗"定心丸",开始大胆削夺李辅国之权。当年六月,代宗免去李辅国的元帅行军司马及兵部尚书之职,其他的官职不变。这两个官职虽然没有中书令高,但都与兵权相关。同时,代宗又将李辅国迁居宫外,对他进一步加以防范。大臣们听说李辅国失势,都拍手称快,满朝

第二章 十恶不赦，恶贯满盈——历史上的奸宦

"举相贺"。

此时的代宗不想把事情做绝，也不愿意公开治李辅国的罪，而希望选择一个更妥当的方式收拾李辅国。于是，在程元振的布置下，杀手在夜里悄悄潜入李辅国的卧室，将他杀死，并砍下脑袋和一只胳膊，扔到猪圈里。代宗装模作样地让人查案，结果自然是一无所获，59岁的李辅国就这么糊里糊涂地死了。

李辅国死后，代宗让人用木头给李辅国刻了个假头，亲自出面痛悼，并追赠李辅国为太傅。不过，代宗给李辅国的谥号为"丑"。代宗

唐代宗

一面礼葬李辅国，另一面又给了这样一个恶谥，似乎自相矛盾。其实，这是代宗玩的又一个把戏，他既要让人们认清李辅国的丑恶面目，又要标榜自己的仁慈。因此，有史学家说代宗是"阴鸷之主"。

知识链接

程元振

程元振（？—764年），京兆三原（今陕西三原县）人，唐肃宗、代宗时宦官。少年即入宫为宦者，直内侍省，宝应元年（762年）通过宫廷政

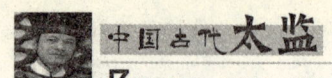

变,拥立唐代宗有功,加镇军大将军、右监门卫大将军,封保宣县侯,统领禁军。九月,再迁骠骑大将军,进封郐国公,和李辅国把持着朝廷内外军政大权,用事误国,他因为私人恩怨,陷害来瑱和李怀让致死,使各藩镇都切齿痛恨于他。吐蕃之乱,被逐出朝政。后被仇家所杀。

染指军权,权势炙人——鱼朝恩

鱼朝恩(722~770年),泸州泸川(今属四川)人,家世不详。在唐玄宗天宝末年进入内侍省,起初为品官,后于黄门供职。当时恰逢"安史之乱",他由于狡黠聪慧,办事小心谨慎,不久便脱颖而出。在唐肃宗时,鱼朝恩日渐飞黄腾达,成为宦官中的显赫人物。此时,他开始染指军权,成为唐朝历史上第一个担任观军容使的宦官。在唐代宗时,鱼朝恩成为文武兼职的要员,但由于过分张狂,最终被唐代宗所缢杀。

1. 贪冒战功,摄取军权

天宝十四年(755年),"安史之乱"爆发,玄宗仓皇出逃四川。"马嵬驿事变"后,太子李亨与玄宗分道,北上灵武,招募军队抵挡叛军。当时,鱼朝恩也随太子北上,侍从左右,很受宠信。次年,李亨在灵武即帝位,使各地抗击叛军的官兵势力有所归依。不久,振武节度使李光进率军归灵武。肃宗对节度使不放心,派心腹宦官鱼朝恩到李光进军中去做监军。鱼朝恩借皇帝之威,逐渐控制了这支军队。第二年,西京长安被收复,肃宗返回长安。鱼朝恩也因功升为三官检责使,以左监门卫将军知内侍省事。

乾元元年(758年)九月,郭子仪、李光弼等九节度使率60万大军,进

第二章 十恶不赦，恶贯满盈——历史上的奸宦

讨安庆绪占据的相州。在这样的大好形势下，平定"安史之乱"已是指日可待的事，但肃宗对手握重兵的各路将领存有戒心，竟不设元帅，而是以鱼朝恩为观军容宣慰处置使，代表皇帝总监诸军，实际上为军中的最高统帅。唐朝宦官担任观军容使一职，便是从鱼朝恩开始的。然而，鱼朝恩既无军事才干，又刚愎自用，导致这次军事行动失利。次年三月，叛军突然发动反击，60万官军顷刻土崩瓦解，军事形势急转直下，官军由攻势转为守势。

郭子仪是唐朝著名将领，他在平定"安史之乱"的过程中，曾任天下兵马副元帅，率军收复了西都长安和东都洛阳。由于功勋卓著，他深受皇帝宠爱，位居人臣第一，也因此招来鱼朝恩的嫉恨。鱼朝恩借邺城失利之机，上书肃宗诬陷郭子仪，说是郭子仪率先领兵撤退导致了这次军事行动的失败，从而为自己推卸责任。肃宗听信谗言，不久把郭子仪调回京师，解除了他的职务。直到上元二年（761年），李光弼失守河阳后，郭子仪才重新被起用。

宝应元年（762年），在宦官李辅国与张皇后的内讧中，唐肃宗受惊吓而死，太子李豫即位，是为唐代宗。代宗与肃宗一样，不相信手握重兵的将领，郭子仪第二次被解除兵权，赋闲在家。十月，代宗命长子李适为天下兵马元帅，会集诸道节度使及回纥兵十余万于陕州（今河南三门峡西），以进讨史朝义。此时，"安史之乱"已接近尾声，代宗欲以郭子仪为副元帅，结果又遭鱼朝恩等人的阻挠，只好改派朔方节度使仆固怀恩做李适的副手。由于鱼朝恩多次从中作梗，使杰出的军事家郭子仪久久得不到重用，英雄无用武之地，报国无门。

郭子仪

广德元年（763年），吐蕃起兵20万攻入长安，唐代宗东逃陕州。郭子仪再次被起用，任关内副元帅。他指挥刚刚聚集起来的几千散兵游勇，用疑兵之计，虚张声势，吓退了吐蕃军队，收复了长安。从此，他才受到

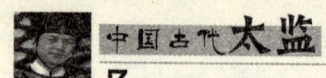

唐代宗的重用。

由于多年的积怨，鱼朝恩与郭子仪成为生死对头，必欲置对方于死地。为了泄怨，鱼朝恩曾趁郭子仪外出用兵之际，派人捣毁郭子仪的祖坟。郭子仪从前线归来后，朝中上下都担心他会发怒造反，但郭子仪却概不追究。有人认为，郭子仪明知毁坟事件是鱼朝恩所为，却故作糊涂，一是明哲保身，二是不愿在国家危困之际使统治集团内部的纷争进一步激化，体现了大家风范。当然，郭子仪未忘此辱，后来，当代宗与鱼朝恩产生嫌隙，宰相元载谋划铲除鱼朝恩之际，郭子仪密奏："鱼朝恩曾与周智光结为外应，他掌控禁军多年，如果不趁早处置他，将来会酿成大祸。"正是郭子仪的密折，才促使元载等人下决心动手的。

在安史之乱中，受鱼朝恩压制的另一位将领是李光弼。李光弼也是唐朝的一位名将，在平定"安史之乱"时，他与郭子仪并肩作战，为平叛立下过汗马功劳。后来由于鱼朝恩的掣肘，导致兵败邙山，他忧愤成疾，最终郁郁而终。

在安史之乱期间，唐朝精锐的戍边部队都被调入中原平叛，导致边疆守军兵力不足。吐蕃便乘虚而入，数年间便蚕食了西北地区数十州的土地。广德元年（763年）十月，吐蕃军进犯泾州，不久逼近京师，唐代宗逃往陕州。当时禁军离散，仓猝之际，一时难以召集，鱼朝恩率驻陕州军及神策军奉迎，军威方振。因此唐代宗对鱼朝恩备加宠信，任他为天下观军容处置宣慰使，专典神策军，时常出入禁中，权宠无比。鱼朝恩还把原驻陕州之师统归禁军，使自己的军权进一步扩大。

鱼朝恩在参与安史之乱平叛的军事活动的过程中，压制将才，贪冒战功，并成功地掌控了禁军，为自己日后的专权捞足了资本。

 2. 附庸风雅，有辱斯文

人一旦显贵之后，便喜欢附庸风雅，鱼朝恩也不例外。他好舞文弄墨，插手文化事业，在当时还闹出了一点小名气。

《旧唐书·鱼朝恩传》记载，鱼朝恩"时引腐儒及轻薄文士于门下，讲授经籍，作为文章，粗能把笔释义，乃大言于朝士之中，自谓有文武才干，以

第二章 十恶不赦，恶贯满盈——历史上的奸臣

邀恩宠"。《新唐书·鱼朝恩传》也有相似的记载："朝恩好引轻浮后生处门下，讲《五经》大义，做文章，谓才兼文武，徼伺误宠。"这两部史书的内容大体相当。鱼朝恩喜欢搜罗一些迂腐的文人或轻浮后生，大家混在一起，装模作样地谈经论道，通过这种方式博取才名，邀宠于上。

大历元年（766年），唐代宗于国子监举行释典仪式。宰相率百官听讲，鱼朝恩也率六军诸将前往听讲，子弟皆穿朱紫之服。鱼朝恩装模作样地学经讲文，执笔辨章句，还恬不知耻地"遽自谓才兼文武，人莫与之抗"。不久，代宗加封鱼朝恩判国子监事，兼光禄、鸿胪、礼宾、内飞龙、闲厩使等职，进封郑国公。

鱼朝恩担任判国子监事的诏令下达以后，中书舍人常衮上表反对："成均之任，当用名儒，不适以宦官领之。"代宗置之不理。从此，鱼朝恩的气焰更加嚣张。

鱼朝恩不但经常视察国子监，有时还亲自登台讲经。国子监堂室刚刚修复时，举行庆典，朝臣们都要出席。鱼朝恩来到国子监后，执《易经》升于高座讲学。面对着在座百官，他有意选择"鼎折足，覆公䭂"开讲，借以讥讽宰相。当时，"识者丑之"。听众的反应也各不一样，宰相王缙听了，不禁怒容满面；而另一宰相元载听了，却怡然自得。鱼朝恩对身边人说："听了我讲的话，恼怒者合乎人之常情，面带笑容者实在是深不可测。"通过这件事，他感到元载的心计非同一般，从此开始提防元载，没想到最终还是栽在元载手中。

对于鱼朝恩在学术讲坛上的表现，后来有人评价："朝恩执经升座，大开千古笑端。"鱼朝恩把政治陋习带入国子监，在国家最高学府指手画脚，未免有辱斯文。

 3. 小人得志，目空一切

鱼朝恩兼有文臣武将的双重身份，他结党营私，飞扬跋扈，威慑朝廷，甚至连皇帝都不放在眼里。

鱼朝恩在宦官中网罗亲信，私设公堂，为所欲为。神策都虞候刘希暹雄健善射，仰鱼朝恩鼻息行事，最为鱼朝恩所宠信，遂以太仆卿封交河郡王。

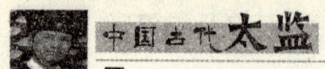

兵马使王驾鹤为人谨厚，对鱼朝恩也是百依百顺，亦封徐国公。他们劝朝恩于北军私设监狱，唆使街头少年无赖诬告城内富人大户违法，然后捕入狱中，严刑拷打，敲诈勒索，逼迫他们将私产没入军中。市民深受其害，称之为"入地牢"。万年吏贾明观仗着鱼朝恩之势，目无国法，"捕搏恣行，积财钜万"，却没一个人敢揭发。

鱼朝恩有一个养子名叫令徽，年仅14岁，在内侍省当内给使，代宗赐以绿服。一天，黄门在殿前列队，有一个官位在令徽之上的黄门不慎碰了他一下。令徽马上跑回向鱼朝恩告状，声称自己班次居下，受人欺负。鱼朝恩听后怒气冲冲，第二天，就带养子面见代宗说："臣的犬子官品卑下，经常被同僚欺负，请陛下赐以紫衣，使他位于众人之上。"这是公然向皇帝索官，态度已十分不敬。尤其令人震惊的是，代宗还没有开口表态，旁边就有人捧来高级品官所穿的紫衣，给令徽穿上。通过"紫衣事件"，代宗意识到鱼朝恩已权势熏天，逐渐对其产生了强烈的厌恶之情。

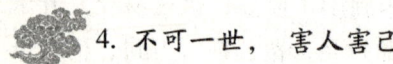

4. 不可一世，害人害己

大历五年（770年）正月，宰相元载窥见代宗对鱼朝恩心生厌恶，便秘密奏请将其除掉。得到代宗的许可之后，元载先用重金收买鱼朝恩的心腹，以便掌握其动静，搜集罪证。

接着，代宗令凤翔节度使李抱玉改任山南西道节度使，以皇甫温为凤翔节度使。表面上看是投鱼朝恩所好，加重了其亲信的地位，实质上是麻痹他。鱼朝恩还被蒙在鼓里，不知祸之将至。元载没有让皇甫温赴任，而是让他暂留京师，与周皓约定诛杀鱼朝恩。

农历三月初十是传统的寒食节，按照惯例，宫中要举行宴会，皇帝宴请群臣以欢度节日。元载选择了这一天动手。宴会结束后，鱼朝恩将要回营，代宗诏令他留下议事。待鱼朝恩一进殿，代宗劈头就责备他图谋不轨。鱼朝恩大感意外，一时呆住，但很快就冷静下来，为自己辩白，态度仍狂悖傲慢，不知大限将至。这时，早已埋伏好了的周皓与左右一拥而上，将鱼朝恩摁倒在地，并当场勒死，鱼时年49岁。天下人闻之，无不称快。

鱼朝恩在宫中被秘密处死一事，外面一无所知。为防不测，代宗秘而不

第二章 十恶不赦，恶贯满盈——历史上的奸宦

宣，下诏罢免了鱼朝恩的观军容使等职，但仍保留了内侍监一职，增实封600户。后诈称鱼朝恩"既奉诏，乃投缢"，将尸体归还其家，并赐钱600万以做丧葬费用。

鱼朝恩结党营私多年，形成了一股强大的势力。代宗处死鱼朝恩之后，担心其党羽闹事，尤其怕引起禁军的骚乱。于是，他将鱼朝恩的亲信刘希暹、王驾鹤提升为御史中丞，以安慰北军之心；同时，赦免京畿囚犯，全部释放鱼朝恩的党羽，下令对其党羽亲信免于追究。代宗还下诏宣称："你们均为朕之属下，禁军今后由朕亲自统率，勿有顾虑。"经过安抚，众心稍安，基本上没出现大的变故。唯独刘希暹因过去罪恶满盈，常常自疑不安，又出言不逊，遂赐死。鱼朝恩死后都让代宗煞费苦心，可见其生前是何等的嚣张。

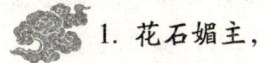 **好战分子，玩火自焚——童贯**

北宋时期，由于统治者对宦官控制较严，宦官干政的情况较少，而童贯却是比较特殊的一位。他依恃宋徽宗之宠，勾结奸佞，祸害国家，其弄权程度，丝毫不亚于其他各朝权阉。童贯人称"媪相"，骨子里却是一个好战分子，他一生大多数时间从事军事活动，也有一定战绩。但玩火者终自焚，他最终使北宋卷入一场万劫不复的战争，成为北宋灭亡的罪魁祸首。

1. 花石媚主，残害百姓

童贯（1054~1126年），字道夫（一作道辅），河南开封人。他在少年时期，便入宫做了宦官，投靠前辈宦官李宪门下。李宪是宋神宗朝的著名宦官，他在西北边境担任监军多年，颇有战功。童贯读过几年私塾，有些文化功底，再加上他机灵善媚，很得李宪的信任。童贯一直追随李宪，曾十次深入西北地区，通过耳濡目染，对军事问题也产生了浓厚的兴趣，这对他今后的人生影响深远。

宋神宗死后，李宪遭贬，童贯也受到了牵连，此后在宫中一直默默无闻。直到宋徽宗继位，童贯的命运才发生了重大变化。宋徽宗是一位风流才子式

中国古代太监
ZHONG GUO GU DAI TAI JIAN

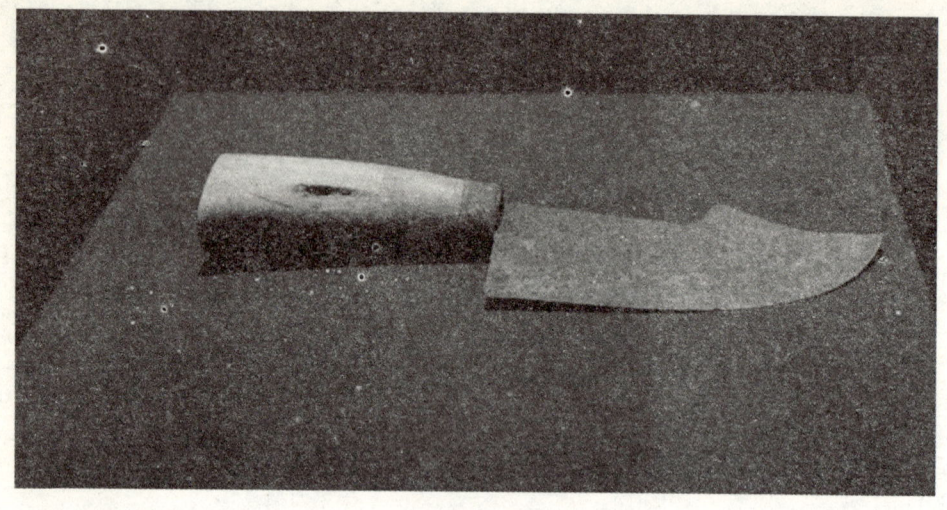

阉割使用刀具

的皇帝，文人气质很重，他喜欢写诗填词，尤其爱好书画。童贯的父亲是一位书画收藏家，手中有许多古玩、书画。童贯投徽宗之所好，多次献画获得徽宗的好感。此时的童贯，经过宫中长期的历练，已经变得非常成熟。童贯虽为宦官，相貌却不像阉人，史书载他："彪形燕颔，亦略有髭，瞻视炯炯，不类宦人，项下一片皮，骨如铁。"除了长相阳刚外，童贯平时还慷慨大方，宽宏大度。后宫妃嫔们都愿意与他交结，并不时在皇上面前说他的好话。童贯虽外形高大，心思却非常缜密，善于洞察人意，每每能预知皇帝的意趣意图，因此深得徽宗的欢心。凭着满腔忠诚和八面玲珑的功夫，童贯终于成为宋徽宗的贴身亲信。

崇宁元年（1102年），童贯秉承宋徽宗的旨意，以供奉官的身份在苏州、杭州设置造作局，征集了数千名能工巧匠，从事象牙、犀角、金银、玉器的雕刻和竹藤编织、书画装裱、绣罗织造等工作，为宋徽宗提供享受品。这些工艺品用料考究，做工精细，造型奇巧，造价昂贵。宋徽宗本就喜欢南方的奇花异石，见到这些工艺品后，更助长了从南方搜刮花石的想法，这为日后的"花石纲"作了铺垫。

宋徽宗在位期间，有六个宠信的臣僚，即蔡京、童贯、王黼、梁师成、朱勔、李彦。他们沆瀣一气，作恶多端，人称"六贼"。老百姓对他们非常憎

第二章 十恶不赦，恶贯满盈——历史上的奸宦

恨，尤其对为首的蔡京与童贯，更是恨之入骨。当时，到处流传着这样的童谣："打破筒（童），泼了菜（蔡），就是人间好世界。"童贯与蔡京结识，便是在杭州期间开始的。

蔡京是一个典型的政治投机分子。他在神宗时支持王安石变法。哲宗即位之初，掌权的太皇太后高氏反对变法，蔡京马上转向以司马光为首的保守派。哲宗亲政后恢复改革，蔡京又投靠了重新掌权的改革派。徽宗即位不久，御史陈次升、陈师锡等人上疏弹劾蔡京。蔡京被罢去官职，谪居杭州。蔡京人品虽差，但书法极好，号称天下第一书法高手。童贯在杭州为徽宗搜求珍玩字画，由此结识了蔡京，两人气味相投，一拍即合。蔡京抓住这个难得的机会，着意巴结童贯。他与童贯形影不离，不仅用大量钱财贿赂童贯，还帮助童贯访得许多书画珍品。童贯心领神会，竭力为蔡京回京打通关节。不久，徽宗便将蔡京召回朝中，任学士承旨。

崇宁元年（1102年），徽宗起用蔡京为宰相，且为独相。此后二十多年间，蔡京把持朝政，专掌大权，成为徽宗朝最具影响力的人物。蔡京的重新崛起，得益于童贯的鼎力相助。

蔡京大力发展了童贯开创的"花石纲"事业。为了把搜寻到的奇花异石送往京城，蔡京、童贯一伙在全国各地征调无数船只，每10艘船编为一"纲"，通过运河、汴河运往汴京。"花石纲"的规模越来越大，应奉局的吏役们个个如狼似虎，他们假借为皇帝办事为名，敲诈勒索，中饱私囊，老百姓苦不堪言。凡是被他们看中的奇花异石、珍玩宝玉，都被黄帕覆盖其上，定作"御用之物"强行掠走。物主稍有违抗，即被定为对皇上"不恭"之罪，加以囚禁甚至杀害。为了取宝，吏役们甚至凿墙拆屋，挖坟掘地，经常把人家搞得倾家荡产、家破人亡，老百姓怨声载道。经过二十多年的折腾，本来富庶的江南，被搞得一片凋敝，最终引发了方腊起义。

2. 督师边陲，名噪一时

童贯一生最值得骄傲的，是自己的军旅生涯。他自崇宁二年（1103年）起开始涉足军事领域，从此便一发不可收拾。童贯先后掌兵权20年之久，历任监军大使、太尉等职，久据枢密要位，最后晋爵郡王。客观地讲，童贯有

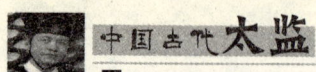

一定的军事才能,尤其他在督师西北边陲抗击西夏与其他少数民族侵扰时,打了不少胜仗,为维护边疆稳定和国家安全作出了一定贡献。

崇宁二年(1103年),陕右一带有边患。蔡京为报童贯的知遇之恩,力荐童贯率军出征。于是,朝廷派王厚、高永军为帅,童贯为监军,率军10万出征。当大军抵达湟州时,京城皇宫的太乙宫突然失火。徽宗非常迷信,认为这是上天警告,不宜出兵,于是亲下手札给童贯,让人火速传递,令童贯退兵。童贯却装着若无其事,继续率师西进,结果大捷。徽宗在高兴之余,不但不问童贯抗旨之罪,反而将他擢升为景福殿使兼襄州观察使。

崇宁四年(1105年),朝廷任命童贯为熙河、兰湟、秦凤路经略安抚制置使,令其出兵西夏。不久,童贯又升为武康军节度使。大观二年(1108年),童贯派兵收复了洮州(今甘肃临潭)、积石军(今甘肃临夏),并招降了羌人首领臧征扑哥,再立军功,被封为检校司空。童贯的声望一路攀升,甚至引起了同伙蔡京的嫉妒。

政和元年(1111年),宋徽宗派童贯为使节,随端明殿学士郑允中一起出使辽国,祝贺辽国第九任皇帝耶律延禧的生日。当时朝廷有异议,认为派宦官做使臣,会被别人耻笑国内无人。但童贯这次出使相当成功,他回国不久,便以太尉身份担任陕西、河东、河北宣抚使。从此,徽宗对他言听计从,其权势更加炙手可热。当时,人们把蔡京称为"公相",把童贯称为"媪相"。

3. 南征方腊,大肆屠杀

宣和二年(1120年)十月,浙东爆发了宋朝历史上声势最大的一次农民起义——方腊起义。方腊在帮源峒誓师起义,自称"圣公",改元"永乐",正式建立了农民政权。不到三个月的时间,起义军便先后攻占了睦(今浙江淳安)、歙(今安徽歙县)、杭(今浙江杭州)、婺(今浙江金华)、衢(今浙江衢广)、处(今浙江丽水)等六州五十二县,打死制置使陈建、廉访使赵约和宋将郭师中,队伍迅速扩大到近百万人,整个东南地区受到极大震动。

宋徽宗闻知民变,大惊失色。十二月二十一日,他令童贯为江、淮、荆、浙宣抚使,率领15万大军前往东南地区镇压。宣和三年(1121年)正月,

第二章 十恶不赦，恶贯满盈——历史上的奸宦

童贯率军开赴东南地区，开始了血腥镇压。

方腊领导的起义军尽管拥众百万，作战英勇顽强，但毕竟缺乏相关训练，与正规军相比，仍显力量不足。在官兵的攻击下，起义军一直处于被动局面。四月二十四日，经过一天一夜的肉搏，8万起义军血洒疆场。两天后，方腊的亲信方京被官军收买，供出了起义军的最后据点，方腊和妻子邵氏、儿子方毫及部将52人不幸被俘。八月二十四日，方腊等人被童贯押赴刑场，慷慨就义。

据《青溪寇仇》记载，在镇压起义的过程中，童贯为激励斗志，曾下令将士每杀一人赏绢7匹。官兵为了冒功，滥杀无辜，大量平民惨遭杀害官军在这次平叛过程中，共屠杀平民百姓不下200万人。大批青溪居民甚至过往行人都惨遭杀害，"流血丹地"。一将功成万骨枯，童贯这个刽子手却因镇压起义军有功，被加封为太师，封楚国公。

4. 引狼入室，玩火自焚

由于在战场上的一系列胜利，童贯自以为是军事天才，未免有些飘飘然。不久，他开始挑起北宋对辽国的战端。童贯主张伐辽并没有错，错就错在伐辽策略不对。童贯主张联金伐辽，虽然成功地消灭了辽国，却引狼入室，结果葬送了整个北宋江山。

金国在与宋朝联合夹击辽国的过程中，发现宋朝内政混乱、兵力空虚、战备废弛，于是野心进一步膨胀，在灭辽之后，把侵略的目标对准了宋朝。宣和七年（1125年）十月，金借口宋廷破坏和约，发动了侵宋战争。金军分东、西两路进犯宋境。西路由完颜宗翰率领，进取太原；东路由完颜宗望率领，进取燕京。两军相约在宋朝京城开封会合。

十二月，完颜宗翰派使臣到太原见童贯。使臣傲慢无礼，而童贯笑脸相迎，热情招待。当听完金国使者一番话后，童贯吓得魂飞魄散。他决定以向宋徽宗禀告此事为借口，逃回东京开封。童贯不顾众人的挽留，溜之大吉。

当童贯逃回开封时，金军东路军已逼近开封。宋徽宗为逃避责任，匆忙将皇位传给了儿子赵恒，是为宋钦宗。宋钦宗任命童贯为东京留守，负责筹备东京的防务。童贯此时一心只想逃命，哪里还有心思报效祖国，于是迟迟

不肯上任。靖康元年（1126年）正月初二，金兵突然出现在黄河北岸，宋朝北岸守军两万余人四散奔溃，金兵从容地渡过黄河，南岸守军也不战自溃。消息传来，京城开封一片慌乱。童贯此时倒非常积极，主动率两万亲军，护送太上皇赵佶连夜南逃镇江。当宋徽宗过浮桥逃走时，北宋禁军看到国家危亡之际，太上皇等人只管自己逃命，悲愤异常，拉住他们的轿子放声痛哭。童贯怕皇帝走慢了脱不了身，竟然下令亲军放箭，被射杀的禁军就有百余人，场面惨不忍睹。

童贯的所作所为激起了人们的义愤，朝中谏官、御史及国人纷纷指责童贯的罪行。以陈东为首的太学生，联名上书历数童贯等"六贼"的罪恶。此时，童贯等人已拥随宋徽宗逃到镇江。他听说开封被金兵围困，不但不设法救援，反而把南方各路勤王的兵马扣留下来。这让人们更加议论纷纷，说童贯另有图谋。宋钦宗在惶惑之中，只得对童贯进行处理。

靖康元年（1126年）二月，宋钦宗贬童贯为左卫上将军，命他谪居池州（今安徽贵池）；四月，又将童贯贬为昭化军副节度使，流放到吉阳军（今江西吉安）。此时，宋徽宗也觉得自己的逃亡之举欠妥，便返回了开封。七月，群臣又上奏议论童贯的罪恶，言辞激烈。宋钦宗为平息众怒，于七月十三日下诏，公布童贯的十大罪状：一是最先推荐朱勔，起"花石纲"，民不堪其苦；二是引用赵良嗣，误国害民；三是协助金朝灭辽，造成唇亡齿寒的被动局面；四是大修延福宫，加重百姓负担；五是在钦宗为太子时，多次攻击东宫属官；六是在钦宗即位时持反对意见；七是不等钦宗下令，就擅自去东南地区；八是钦宗为东京留守时，见围不救，弃城而逃；九是家中有僭越非法之物；十是私养死士，拥兵自重。同时，钦宗命监察御史张澄带领开封府的有关人员前去追杀童贯，函首京阙。

张澄知道童贯诡计多端，怕他不肯

宋徽宗

第二章 十恶不赦，恶贯满盈——历史上的奸宦

伏法，便派一个下属小吏轻装先行，稳住童贯。待到第二天御史张澄赶到，便将童贯就地正法，并割下他的首级。张澄怕童贯的亲军抢夺童贯首级，便将童贯的头颅用水银和生油浸泡后以牛皮包好，置于轿下，送往京师，挂在大街上示众。童贯死后不到九个月，金兵便攻下开封，钦宗和徽宗父子被金兵所俘，北宋王朝灭亡。

宋朝联金灭辽，是前门驱虎，后门引狼，这个引狼入室之人便是童贯。童贯好大喜功，妄开战端，结果不仅葬送了国家，自己也赔上了性命，正可谓玩火自焚。

知识链接

童贯的另一面

童贯虽然外表魁梧粗放，却心细如发，对别人的心理有极强的洞察力，尤其能够猜中宋徽宗的意图爱好。他出手慷慨大方，有人说那只是为了拉拢后宫的天子近臣，以便预知宋徽宗的行迹。可他同样在收养孤儿，对军中将领极为看重，阵亡抚恤也极高。

童贯的经历，充满了传奇般的悲喜剧色彩。他的一生中，开创了几项中国历史之"最"，肯定已经成为中华民族历史上迄今无人能够打破的记录，并且可能会永远保持下去。

这几项记录是：

中国历史上握兵时间最长的宦官；

中国历史上掌控军权最大的宦官；

中国历史上获得爵位最高的宦官；

中国历史上第一位代表国家出使外国的宦官；

中国历史上唯一一位被册封为王的宦官。

擅作威福，祸国殃民——汪直

在明宪宗成化年间，京城内外盛传"只知有汪太监，不知有天子"的说法。这里所说的汪太监，便是汪直。宪宗即位于内忧外患交织、社会动荡不安的年代，为强化专制统治，于锦衣卫、东厂特务机构外，另设一个新的特务机构西厂，由汪直掌管。他利用刺探官民奸宄的权力，排斥善良，屡兴冤狱，不仅扰乱朝纲，而且祸及黎民。最终激怒了官民，被钉在了历史的耻辱柱上。

1. 巧夺信任，滥用职权

汪直（？~1559年），广西大藤峡（今广西桂平西北）瑶族人。英宗正统九年，广西发生瑶民起义，英宗派韩雍前往镇压。汪直时年约十二三岁，被捕入宫，阉割而为太监。万贵妃见汪直机灵，就叫他在昭德宫侍奉自己。汪直假借万贵妃的名号，苛敛民财，倾竭府库，以讨好万贵妃，奇计淫巧，糜费无数。汪直因此得到万贵妃的好感，由一位普通的太监升为御马监太监。

成化十二年（1476年），有位叫李子龙的人与太监韦舍相勾结潜入宫内，被抓获处死。此事之后，宪宗对宫外的事十分关心。他见汪直机巧伶俐，经常让他化装外出探听消息。汪直也十分尽心，对街头巷尾之事，无所不报。这样侦察了将近一年，外人竟然都不知道。由此汪直也得到了宪宗的信任。

成化十三年（1477年）正月，设置西厂，由汪直督领厂事，伺察阴私，进行特务活动。汪直也恃宠无忌，任用锦衣百户韦瑛为心腹，屡兴大狱。

明宪宗

第二章 十恶不赦，恶贯满盈——历史上的奸宦

建宁卫指挥杨晔，是先朝重臣杨荣的曾孙，与父亲杨泰一起被仇人告发，逃入京师，隐匿在妹夫董玛的住所。董玛向锦衣百户韦瑛求助，韦瑛表面答应帮助，暗中却报告给汪直。汪直得知后，立即逮捕杨晔与董玛，严刑审讯，对杨、董三次使用残酷的琵琶刑。琵琶刑就是用数根木棍夹住犯人的骨节，用力枷压，便浑身骨节松脱。杨、董二人受刑不过，多次昏死过去。杨晔不胜其苦，胡乱招供，说把金银财宝寄放在担任兵部主事的叔父杨士伟家中。汪直也不上报英宗，就将杨士伟下狱，并掠其妻子，没收财产。结果杨晔被打死在狱中，杨泰被诛杀，杨士伟被贬官，行人张廷纲、参政刘福等都无辜受到株连。

 2. 祸国殃民，触犯众怒

汪直为了树立自己的威信，竭力扩大西厂的势力，京师内外到处都有西厂的特务，就连民间打鸡骂狗的琐事，也动用重刑，弄得人心惶惶。汪直每次外出，总是跟随着一大批随从警卫，公卿百官都避道两侧。

是年五月，大学士商辂与万安、刘吉等上书奏劾汪直。但宪宗看罢奏疏，反而认为他们是无中生有，于是命太监怀恩传旨前往诘责。

怀恩是一位比较正直的宦官，对汪直提督西厂亦有所不满。听了商辂、万安等阁臣的慷慨之语，十分叹服。怀恩将商辂等人的话如实向宪宗作了汇报。次日，九卿项忠等人也上疏弹劾汪直。宪宗不得已，只好下旨罢革西厂，使怀恩列数汪直的罪行，令其重回御马监，其亲信韦瑛等也被调到边疆卫所。朝庭内外，一片欢腾。

宪宗虽然罢革西厂，对汪直却依然宠信。汪直遂诬告商辂曾纳杨晔贿，所以才为杨晔开脱罪责；又说商辂的奏疏是司礼监黄赐、陈祖全为杨晔报复而出的主意。宪宗于是将黄、陈外放南京。宪宗又恢复西厂，重新让汪直提领西厂事宜。商辂见汪直重新用事，便辞职归去，后死于家中。

汪直重新提督西厂，以千户吴绶为镇抚，继续嚣张跋扈。未几，授意东厂官校诬奏不买账的项忠，又指示言官郭镗、冯贯奏论项忠违法事宜。宪宗让刑部、都察院、大理寺与锦衣卫联合会审。项忠据理力争，抗辩不屈。审理项忠是汪直的意思，他人不敢违抗，也不敢替项忠讲情，宪宗竟把清正廉

105

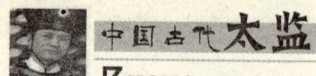

洁的项忠革职为民。左都御史方宾、尚书董芳、薛远及侍郎滕昭、程万里等数十人,都因忤汪直意被贬官。与汪直关系密切的王越被升为兵部尚书兼左都御史,陈钺为右副都御史,巡抚辽东。王越、陈钺投在汪直门下,为其卖命,被时人称为"二钺"。

知识链接

阿丑戏骂汪直

有一位叫阿丑的小太监,擅长演戏。有一天给宪宗表演,故意装作喝醉了酒,大骂不止。有人说皇上驾到,阿丑仍大骂如故,有人说汪太监来了,阿丑才赶快避开,并说:"我只知道汪太监来了才躲避在一边,现在天下人只知道有汪太监,不知道有皇上。"又装作汪直的样子,手持两钺走到宪宗面前。旁边的人问他为何这般,阿丑回答说:"我将兵,靠的不过是两钺罢了。"有人问是什么钺,阿丑认真地说:"是王越和陈钺。"宪宗听后,哈哈大笑,后来才悟出阿丑的意思。

汪直满以为使用酷刑监禁以及罚俸等高压手段,可以迫使人们屈从,不敢去揭发他们的劣迹,其实不然。就在他利令智昏、为所欲为的时候,为他提拔重用的另一个特务头子尚铭,对他发动了突然袭击。

太监尚铭提督东厂,他是汪直举荐的,但是权势不及汪直,他看到汪直心狠手辣,只怕被陷害。一天夜里,西内发生一起盗窃案件。窃贼越过皇城潜入西内作案,被东厂校尉拿下。尚铭未向汪直通报,直接奏于皇上,受到重赏。汪直非常恼火,指责他不事先告知。尚铭采取先发制人,暗中派人收集汪直泄露宫中秘密,与王越、陈钺互相勾结的材料,乘汪直监军在外,报告给了宪宗。宪宗大吃一惊,决定疏远汪直。

第二章 十恶不赦，恶贯满盈——历史上的奸宦

成化十七年（1481年）秋天，宪宗以宣府边镇不断遭受侵扰为名，命王越为总兵官、汪直监军以行。敌退后，汪直奏请班师，宪宗不准。陈钺这时在宪宗面前极力为汪直美言，受到宪宗的斥责。王越、陈钺见势不妙，如坐针毡。不久，宪宗改派王越镇守大同，让汪直总镇大同、宣府，将其他京营将士召回京城。

成化十九年（1483年）六月，宪宗决定调汪直到南京御马监任职。随着汪直的失宠，他的劣迹与罪行也得到深入的揭发。这年八月，科道官员将他的劣迹综合为八款：一孤负圣恩，忍心欺罔；二妄报功次，滥升官职；三侵盗钱粮，倾竭府库；四排斥善良，引用奸邪；五擅作威福，惊疑人心；六招纳无藉，同恶相济；七交结朋党，紊乱朝政；八轻挑强虏，擅开边衅。御史徐镛在上疏中也怒斥汪直弄权祸国的罪行，说"而今朝中内外，人们只知有西厂而不知有朝廷，只知畏汪太监而不知畏陛下"，疏中最后呼吁"乞将汪直等明正典刑，籍没家产，以为奸臣之戒"。宪宗于是决定降汪直为奉御。他的党羽陈钺前已令其致仕，不再查究，王越、戴缙、吴绶等人也都在官民的谴责下，被撤销官职。

汪直下场不知所终，据《万历野获编·内监》记载，到明孝宗弘治十一年（1475年）前后被召回北京，后来历史上就没有他的踪迹了。

知识链接

"假汪直"事件

据史料记载，冒充汪直的是个江西人，叫杨福。杨福曾经在崇王府内使手下为奴，跟随这个内使到了京城，后又因事背逃了回去。经过南京时，遇到了一个旧识，这名旧识说杨福长得像汪直。于是杨福就假扮成汪直，那个旧识就充当校尉先导。两人从芜湖县搭乘驿传南下，经历常州、苏州，

又从杭州到绍兴、宁波诸府，所到之处官府皆争先恐后奉承，连市舶司的内官也相信了他们，闻而畏之。老百姓听说汪直来了，很多拿着讼词前来诉冤，这假汪直居然也会去为他们审理。"行骗两人组"到台州、温州、处州及建宁、延平的时候还操练兵马、视察粮库以张威势。汪直不收贿赂，天下皆知，两人所过之处"汪直"假廉以取信，却由这个假校尉大肆收赃，所得甚丰。到了福州，假汪直又称有敕旨，自三司官而下全部小心迎候，小官忤逆"汪直"意者会当即拖出去杖责。这么威风的两人最后居然因为没有符验被福州镇守太监卢胜察觉，终于真相大白，朝野轰动，最后以杨福被问斩收场。

查继佐评曰："伪直倾半天下，真直如何？直亦知何以伪直乎？即帝亦知何以伪直，而天下无敢以福为伪乎？"

第三节
搜刮无度、横行不法的太监

成也女人，败也女人——刘腾

刘腾是北魏著名权阉，他的成败与三个女人密切相关：一个是孝文帝的

第二章 十恶不赦，恶贯满盈——历史上的奸宦

冯皇后，一个是宣武帝的高皇后，一个是孝明帝的胡太后。他生前因为女人而大红大紫，死后却被女人掘墓戮尸，真是成于斯，也败于斯。

1. 告密立功，为己铺路

刘腾字青龙，生卒不详。祖籍在平原城（今山东平原县），后迁居南兖州的进郡（今安徽亳州）。他幼时因罪被阉，入宫当了一名小宦官，补小黄门。刘腾从未读过书，但工于心计，善于察言观色，很快转补中黄门，在宫中有了一定的地位。此后，他卷入了一系列宫廷斗争，自己的权势也随之日益提升。

刘腾所处的时代，是北魏发生重大变革的时期。孝文帝元宏是中国历史上一位改革型的皇帝。他是鲜卑族人，但从小仰慕汉族文化，即位后不顾鲜卑贵族的反对，大力推进汉化改革，如改汉姓、穿汉服、说汉语、与汉人通婚等，加速了北魏变夷从夏的步伐。孝文帝在国内成功推行改革后，开始雄心勃勃，准备消灭南朝，一统天下。太和二十一年（497年），孝文帝发兵20万进攻南齐，并很顺利地攻下新野、南阳、樊城等地。当大军停在悬瓠一带休整时，刘腾自洛阳宫中匆匆赶来，称有机密要事求见皇帝，孝文帝当即召见。刘腾奏报了两件大事：一是朝臣发生内讧。孝文帝出征时，命尚书任城王元澄留守都城，太尉李彪、仆射李冲加以辅佐。出身卑微的李彪本是由李冲推荐才得以担任太尉职位的，但此时与李冲意见不合，专权恣事。李冲在盛怒之下，把李彪私自关禁在尚书省内，并上书历数李彪的罪过，请求孝文帝将其处死。二是宫闱失德。孝文帝的皇后冯妙莲在皇帝出征期间，与中官高菩萨淫乱中宫，乌烟瘴气。对李冲与李彪之事，孝文帝认为两人各有过错，但李彪罪不至死，可以撤

魏孝文帝

109

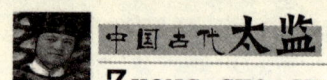

职了事。而对皇后失德的密报，孝文帝惊愕万分，但半信半疑。

由于真相不明，孝文帝让刘腾严守秘密。几天后，皇妹彭城公主忽然又从洛阳城冒雨前来求见。颇感蹊跷的孝文帝慌忙召见皇妹，了解宫中事宜，才证实刘腾所言不假。原来，彭城公主年少寡居，被冯皇后不学无术的弟弟冯夙看中。他向孝文帝求婚，孝文帝也已同意，但公主并不愿意。此时，冯皇后想趁皇帝南征之际，逼公主与弟弟成婚。公主在无奈之下，率几个婢仆秘密出宫，赶往孝文帝军中，合盘端出了皇后与高菩萨的奸情。两相印证后，孝文帝相信了刘腾的密报，遂提拔刘腾为冗从仆射。但因急怒攻心，孝文帝病倒在军中。

冯皇后闻知孝文帝在汝南病重，更加公然不讳地与高菩萨宣淫。但她得知刘腾与彭城公主把自己的丑行密告了皇帝后，非常害怕，急忙与母亲常氏商讨对策。两人求托女巫，诅咒孝文帝速死，以便另立少主临朝称制。为了侦探孝文帝的情况，她还多次派宦官双蒙到军中探望孝文帝。孝文帝为避免打草惊蛇，对宫中之事佯作不知，冯皇后心中窃喜。

太和二十三年（499年），孝文帝经周密安排，突然赶回洛阳，一入宫即捕拿高菩萨等人。在严刑之下，高菩萨供出皇后淫乱宫闱、找女巫诅咒皇帝等事。孝文帝派人把皇后传来，从她身上搜出一把三寸长的匕首。孝文帝亲审冯皇后，将她打入冷宫。经此打击，孝文帝竟一病不起。他在临终前，嘱托两个兄弟赐死冯皇后。

 2. 护妃为后，大权独揽

孝文帝死后，次子拓跋恪继位，是为宣武帝。他先立皇后于氏，于皇后温柔娴静，宽容大度，非常受人尊敬，但宣武帝并不喜欢她。宣武帝喜欢的女人是高贵人，她是宣武帝的舅舅高偃之女，不但相貌出众，而且性格外向，与宣武帝非常投缘。在受到皇帝的宠爱后，高贵人开始谋求皇后宝座。于皇后曾生下皇子元昌，但3岁便夭折；不久，于皇后也暴毙。至于死因，人们都猜测是高氏所为。

于皇后死后，高贵人继立为后。高皇后天性骄妒，她独霸龙床，不许其他女人接近皇帝。高皇后生过一个皇子，但过早夭亡，其他嫔妃所生之子也

第二章 十恶不赦，恶贯满盈——历史上的奸宦

无一存活，以至于宣武帝已近壮年尚无子嗣。

胡妃为宫中司徒胡国珍的女儿，容色艳丽。宣武帝避开皇后，偷偷临幸于她，胡妃不久怀孕。按照北魏旧制，嫔妃所生之子一旦被立为太子，其生母就要被处死。胡妃分娩后，果然生下一位皇子。善良的宣武帝不忍遵守祖制，不仅未赐死胡妃，反而将她晋升为贵妃。胡贵妃所生之子叫元诩，3岁时被立为太子。为防止高皇后迫害皇子，宣武帝另择乳母抚养、保护他。高皇后怀恨在心，一直视胡贵妃为眼中钉。

司徒胡国珍无力保护女儿，胡贵妃不得不求助于宦官刘腾。此时，刘腾已是宫中宦官首领。之前，刘腾曾出使徐州与兖州，为宫廷"采召民女"，回来后升为中给事；不久又升为中尹、中常侍，加封龙骧将军；接着，又升为大长秋卿、金紫光禄大夫、太府卿，成为宦官中的实力派人物。胡贵妃找到刘腾后，刘腾为谋进身之路，慨然应允，并拉拢左庶子侯刚及已故于皇后的世兄于忠一起保护胡氏母子。刘腾和于忠献计，让宣武帝下旨令胡贵妃移居别宫，派亲军严加守护，从而防止了高皇后的迫害。

延昌四年（515年）正月，宣武帝病逝。当夜，领军将军于忠及左庶子侯刚到东宫将太子元诩接入内殿，并与刘腾等人加意保护胡贵妃，以防发生意外。詹事王显是高皇后的心腹，建议天亮后请示高皇后再讨论太子即位之事。太子少傅崔光抗辩道："皇帝驾崩，太子继位，这乃是国家常典，又何需皇后的命令！"众人随即请太子即皇帝位，是为孝明帝。

孝明帝于登基次日，即大赦天下，册封高皇后为皇太后、生母胡贵妃为皇太妃。胡太妃随即迫令大势已去的高皇后出家为尼。不久，胡太妃被尊为皇太后。

3. 废后戮相，专权擅事

孝明帝即位时，还是个6岁的孩子，由胡太后临朝听政。胡太后自称为"朕"，臣下呼之为"陛下"，她总揽朝务，完全控制了北魏的大权。胡太后时常念及刘腾对其母子的帮助，对刘腾备加宠信。她封刘腾为开国子，食邑300户；后又任崇训太仆，加中侍中，改封长乐县开国公，食邑1500户；连刘腾所养两子也被封为郡守和尚书郎。

不久,刘腾突患重病,胡太后以为难以救治了,作为安慰,再升其为卫将军,仪同三司,其他官职不变。但刘腾得此高官后,竟然渐渐康复。胡太后在高兴之余,对他更是宠信。刘腾对胡太后也心存感激,极力讨好她。胡太后自幼信佛,刘腾替她修建太上公寺、太上君寺及城东三寺,为她死去的父母祈福。由于工程浩大,劳民伤财,靡费无度,刘腾趁机敛财。胡太后不仅没有责怪,反而多次奖赏。

刘腾因受宠于太后,显赫一时。朝廷百官因为刘腾受宠,千方百计地巴结刘腾。河间王元琛为求复职,屈王爷之尊拜刘腾为义父,可见刘腾权势之大。只有清河王元怿不买刘腾的账,两人矛盾日益加深。有一次,吏部秉承刘腾之意,奏请任命他的弟弟为郡带戍。元怿没有答应,刘腾更加怀恨在心。

清河王元怿是宣武帝之弟,才貌双全,被胡太后看中。胡太后是一个不甘寂寞的女人,她年轻守寡,对这位俊美的小叔子格外宠爱,时常召他陪宿宫中,并委以重任。元怿主持朝政后,对百官要求苛严,稍有过失即依法论处,因此得罪了许多人。刘腾利用朝中权贵对元怿的不满,伺机进行报复。

胡太后的妹夫元叉是当时掌管禁军的领军将军,他恃宠而骄,多行不法之事,屡次受到元怿的申斥,对元怿恨之入骨。正光元年(520年),刘腾与元叉密谋,指使平日伺候小皇帝进膳的太监胡定告发说元怿派他毒死皇帝,诬蔑元怿欲害帝自立。孝明帝当时才11岁,对此话信以为真。当夜,元叉和孝明帝等人把胡太后关在永巷门内,几个人把元怿骗入宫内秘密杀害。

太监雕塑

第二章 十恶不赦,恶贯满盈——历史上的奸宦

处死元怿后,刘腾为防止胡太后报复,矫诏称太后身染重病不能理政,因此还政于孝明帝。刘腾将太后幽禁于北宫宣光殿,宫门昼夜紧闭,刘腾亲自掌管钥匙,任何人都不能与太后见面。胡太后此时衣食俱废,挨饿受冻,整天以泪洗面。胡太后的侄子都统胡僧敬和备身左右张车渠等几十个人,密谋杀死元叉,再推举胡太后掌管朝政,但事情没有成功。胡僧敬因此获罪,被流放到边地;张车渠等人被杀;胡姓官员多受到免官降职的处分。随后,左卫将军奚康生因不满刘腾、元叉两人废后的行为,也被刘腾处死。从此,百官中再无人敢有异议。刘腾更被进任司空,位列三公。刘腾、元叉政变对当时政治、经济和社会的发展产生了巨大影响,是北魏由盛到衰的转折点。

 4. 终遭报应,死后戮尸

刘腾在政治上得势后,在经济上更加贪得无厌。他卖官鬻爵,毫无节制。凡公私之事请托者,只重财物不计其他。朝野有人想升官或当官,也只看送礼多少而定。他还派人到各地搜刮财物,"舟车之利,水陆无遗;山泽之饶,所在固护;剥削六镇,交通互市",每年的利息数以万计。身为阉人的刘腾,还尽挑美女侍寝,发泄淫欲;即使是宫中嫔妃,有时也有被征求的。此外,他还广造豪宅,挥霍无度,其贪暴之状,罄竹难书。刘腾、元叉把持朝政达四年之久。"生杀之威,决于叉腾",他们养婢蓄妓,逼民为奴,卖官买官,把魏国搅得暗无天日,百姓怨声载道。

正光四年(523年)三月,刘腾因病而死,年60岁。刘腾死后,朝廷赠送帛700匹、钱40万、蜡烛200斤,并让鸿胪少卿亲自护丧。发丧时,刘腾的养子四十余人都披麻戴孝为他送丧,宫中宦官一百余人也身披孝衣尾随其后,朝中达官贵族都去送丧,车辆相望数里,以至于堵塞了道路。自北魏建立以来,朝臣丧礼之隆重无出其右者。

孝昌元年(525年)四月,被囚禁的胡太后重新临朝摄政,下诏罢元叉为庶人,追削刘腾的官爵。有人乘机为清河王元怿鸣冤,要求诛元叉、戮刘腾之尸。胡太后借此下令挖掘刘腾墓地,将其骸骨撒露于野。其家产全部被没入官,四十余位养子也一并被诛杀殆尽。

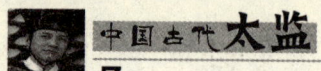

知识链接

拓跋氏与元姓的渊源

在史籍《魏书·序纪》的记载中,拓跋力微被称为鲜卑拓跋氏的真正始祖,他在位58年,活了104岁。在鲜卑拓跋部的发展历史上,拓跋力微是有巨大贡献的,因此他被称为拓跋氏的始祖。

到了北魏孝文帝拓跋宏在北魏太和十七年(493年)迁都洛阳入主中原之后,大张旗鼓地推行汉化改革政策,率王族改为汉字单姓"元"氏,其王族之外的拓跋氏遂成为庶姓,仍为拓跋氏,不与皇室同氏。到了西魏政权的末代帝王恭皇帝元廓于北魏废帝元钦三年(554年)农历1月即皇帝位之后,去年号,称元年,将元氏复改回拓跋氏。

进入隋朝,隋文帝重新统一了中国大地后,在强大且日趋规范化的汉文化历史潮流推动下,鲜卑族拓跋氏嫡系主流最终仍然改定为汉姓元氏。

贪财取祸,祸乱朝纲——冯保

冯保是明代一个颇有争议的"太监政治家"。他从嘉靖年间入宫,历经嘉靖、隆庆、万历三代皇朝。起先因书法出众受到明世宗赏识,当上秉笔太监;后又凭借与明神宗的特殊关系(大伴)提督东厂;用一身聪明颖悟、通权变达的本事,在大明朝的政治舞台上混得风生水起。自神宗皇帝朱翊钧登基,冯保也攀上了自己一生权力的巅峰。他受遗诏(一说是"矫诏")为顾命大臣,被神宗皇帝视为"内相"。作为一个权势熏天的大太监,他颇识大体,主动联手张居正,改变了有明一代宦官集团与文官集团恶斗不断、内外不睦、

第二章 十恶不赦，恶贯满盈——历史上的奸宦

虚耗国力的政治格局；使得张居正政令所至，畅通无阻；全力以赴、大刀阔斧地推行改革。新政"考成法"、"一条鞭法"，成效卓著地开创了万历新政的新局面，也造就了大明王朝最富庶的十年。

1. 进献谗言，迫害大臣

冯保，字永亭，号双林，生卒不详，深州（今河北省深县）人。明世宗时期，在宫中担任司礼监秉笔太监。

隆庆元年（1567年），世宗死，穆宗即位，冯保提督东厂，兼管御马监。不久，司礼监掌印太监空缺，按资历冯保当任此职，但内阁大学士高拱却推荐御用监陈洪掌印司礼监，从此冯保与高拱结怨。

高拱是嘉靖进士，穆宗为裕王时任侍讲学士，经常给穆宗讲古论今，很得信任。穆宗即位后，无为而治，付权于大臣，高拱被留任内阁，位高权重，冯保虽痛恨他，却也无可奈何。陈洪罢职后，冯保以为这回司礼掌印之职非己莫属了，不料高拱又推荐孟冲补缺。孟冲本是掌管尚膳监的小宦官，升任司礼掌印后，与司礼太监滕祥等共得宠，争献奇技淫巧，为了固位保宠，对冯保多有排斥。冯保由此更加痛恨高拱和孟冲，便在朝中寻找同盟，以共同对付高拱。此时，内阁大学士张居正正欲取代高拱的地位而独揽大权，遂与冯保一拍即合，两人关系日益密切。

隆庆六年（1572年）五月二十五日，正在坐朝的穆宗皇帝突然中风。次日，36岁的穆宗病逝。年仅10岁的太子朱翊钧即位，是为神宗，又称为万历皇帝。神宗登基仪式上，冯保始终站立在御座旁边，满朝文武大为震惊，并心生不满。高拱见冯保权力越来越大，心里不能容忍，授意阁臣提出"还政于内阁"的口号，组织一批大臣上书弹劾他。冯保抓住高拱曾在穆宗病

太监阉割雕塑

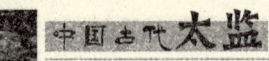

故后说"十岁太子如何治天下"的把柄,向皇后和皇贵妃告状,高拱因此被革职回家闲住。支持高拱的一批大臣也被查办。

这样一来,冯保和张居正都如愿以偿,冯保终于担任了司礼掌印,提督东厂,张居正也晋居内首辅。但冯保对高拱罢官仍不解恨,又一手制造了王大臣的事件。

万历元年正月十九日,神宗皇帝清晨出宫视朝,被一名叫王大臣的男子冲撞。皇帝侍卫将王大臣擒获后,从他身上搜出刀剑各一把,随后由皇帝下旨,押送东厂审问。

冯保借机诬陷高拱,暗地里嘱咐王大臣,要他假认是高拱所指使。一时之间,谋刺皇帝的谣言迅速传开,朝廷各科道官员人人自危,不敢贸然上疏替高拱辩冤。而都察院左都御史葛守礼、吏部尚书杨博则挺身而出,坚决要求将王大臣案由刑部、督察院与东厂共同审理。张居正迫于压力,只好上疏神宗皇帝,下旨让冯保会同左都御史葛守礼、锦衣卫左都督朱希孝会审。高拱因此被洗刷了冤情,王大臣则被处以死刑。

王大臣一案使得冯保惹恼了朝中众多大臣,大家都对他诬陷高拱的险恶行径嗤之以鼻。而张居正却因此牢牢地坐稳了首辅这把交椅。

 2. 贪赃枉法,权宦末路

冯保贪于财货,多方聚敛,广收贿赂,御用监每年采购珍宝要花十几万两银子,冯保总是将贵重的贪为己有,每当籍没犯罪官吏的家产时,冯保也乘机将值钱的东西据为己有。张居正了解他这一习性,多次让儿子张简修给冯保送礼。有一次送名琴7张、夜明珠9颗、珍珠帘5副、金3万两、银10万两。其他官员贿赂冯保的,也不在少数。如吏部左侍郎王篆,先后送给冯保银子1万两、玉带10围等。所以冯保对张居正极力支持。张居正针对时弊进行改革,整饬吏治,实行一条鞭法,如果没有冯保和李太后的支持,恐怕难以推行。在政治上,冯保与张居正结成了牢固的同盟。

神宗18岁时,曾经醉酒调戏宫女。冯保向太后告状。太后愤怒之余,差点废掉神宗帝位。太后命张居正上疏切谏,并替皇帝起草"罪己诏",又罚他在慈宁宫跪六个小时,皇帝因此对冯保、张居正怀恨在心。

第二章 十恶不赦，恶贯满盈——历史上的奸宦

万历十年六月，张居正病死，朝中形势发生了变化，被冯保和张居正排挤出朝的太监张诚重新入宫。早在张诚辞拜万历皇帝时，万历就曾暗中嘱其离宫后留意冯、张二人劣迹。冯保为恶，神人共睹，张居正虽然精于政务，多有建树，但也多有招权树党、收受贿赂的行为，这些都被张诚侦知。此次张诚重新入宫的主要目的就是陈奏冯保、张居正的罪行。

不久，张诚揭发冯保与张居正交结，专横朝廷，请求查处冯保。万历皇帝惧怕冯保余威，同时又担心张居正的同党闹事，不敢轻举妄动。张诚又说冯保家资饶富，胜过皇上，贪于财货的万历皇帝这才动了心。就在这时，张四维授意他的学生江西道御史李植弹劾冯保，列举其十二大罪。万历皇帝命锦衣卫查抄其家产，得金银百余万，还有大量奇珍异宝。冯保弟冯佑、从子冯邦宁都是都督，被罢官入狱，久之死于狱中。其党羽张大受、周海、何忠等8人，贬往孝陵司香。徐爵与张大受之子，谪戍到烟瘴之地，永不准归。

冯保大寿礼品图

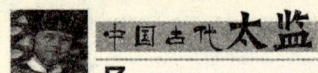

后冯保死在南京,葬于皇厂。先前,冯保于万历四年(1576年)在北京西直门外选好一块墓地,并在附近建了一座寺院,以自己名号称之,曰双林寺,如今却再也无法派上用场了。

冯保是一名出色的政治家,万历新政的一等大功臣,同时也是一名奸诈弄权的大贪官。包括《明史》在内的诸多正史记载:他因泄私忿陷害高拱,还假传圣旨"司礼监与内阁同受顾命"。他"贪财好货",曾经接受张居正"七张名琴、九颗夜明珠、珍珠帘五副、金三万两、银二十万两"等贿赂。他花费巨款,给自己建造生圹。在北京和河北深县(今衡水市)的老家,分别建造了两座叫做"双林寺"的家庙。而在他的手上,各种卖官鬻爵的事也时有发生。"处事忌太洁,智人贵藏辉。"正如这世上没有绝对的黑与白一样。冯保不是一个绝对的好人,也不是一个绝对的坏人。

敲骨吸髓,疯狂敛财——高淮

高淮是明神宗万历年间的矿税使。他在辽东任事十年,恣行威福,使辽东官民遭到一场严重浩劫。当时辽东地区民间盛传"辽人无脑,皆淮剜之;辽人无髓,皆淮吸之"的民谣,这里所说的淮,即是高淮。作为太监,他和他的主子一样都是财迷,也都是搜刮钱财的行家里手。他被主子委以矿税监钦差赴辽东,折腾得辽东民心离散,军队羸弱,客观上为努尔哈赤的发展创造了条件。

1. 贪心不足,滥征杂税

高淮,直隶宝坻(今天津宝坻)人,生卒年不详。本来是个市井无赖,但也不乏智巧。青年时代,他包揽北京崇文门的税课。崇文门位于京师,税课是个不小的数目,并不是任何人都能承揽的。但是后来,他丢下了这个肥缺,舍弃妻儿,自阉入宫,做了太监。

高淮入宫后,由于具有活动能力,所以被派去尚膳监任监丞。尚膳监丞为从五品,系中级管事人员。高淮能得到监丞这个职务,已是相当不错了。可是,作为曾经包揽京师崇文门税课的高淮,却不满足。为贪心所驱使,他

第二章 十恶不赦，恶贯满盈——历史上的奸宦

无时无刻不在窥测时机，以求一逞。

万历二十四年（1596年），是明代财政困难继续加剧的一年。持续了6年的援朝抗倭战争，以及镇压国内此起彼伏的各种反抗斗争的军费支出，已使明政府难以应付；而皇宫火灾后，也急待修复。值此，有个名叫仲春的副千户，上奏提出开采银矿，可助大工。神宗喜出望外，立即允行，从而启开了奏请开矿的大门。接着，批准天津等处太监征收店税，又打开了滥征杂税的大门。

神宗的开矿、征税决策，为那些奸佞之徒的献媚取宠提供了有利条件。随着这些诏令的颁行，在全国矿区和广大城乡出现了开矿、征税的狂热。高淮看准了这个千载难逢的时机，急忙贿赂义勇卫千户阎大经，让他代为奏请前往辽东开矿征税。神宗见奏，非常高兴，马上批示遵行。

明神宗

辽东地处偏远，民族矛盾又十分尖锐，而且是抗倭援朝战争和边地少数民族抢掠的直接受困、受害者，是穷困之所在。然而，万历二十七年，忠义卫官阎大经却上疏说辽东"山产银矿，地有人参、貂鼠皮、骏骐"，应该派人监征。昏庸的神宗不加考虑，便派高淮前往"开采银两及马匹解进"。

万历二十七年（1599年）三月，高淮以钦差辽东矿税使的身份，带领随从，金鼓齐鸣，耀武扬威地前往辽东就任。高淮于当年五月出关，不久到辽东，从此把个辽东搞得鸡犬不宁，搜刮得纤毫不遗。据当时的记载，辽东"深山穷谷，寸寸张罗，普天率土，步步开阱"；穷乡僻壤，"鸡肠必征，桑麻必榷"，行商、坐贾、居民"一蔬一菜"无一能免。苛剥小民达到无以复加的程度，史称"比之盗贼更有甚焉"。自万历二十七至四十六年（1599—1618年），高淮残害辽东长达二十年，所收矿、税等难于详计。仅万历二十九年

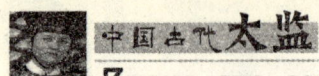

（1601年）所报就有白银31000两，金60两，良马85匹，貂、鼠皮等无数。据福建道监察御史杨州鹤称："高淮二十年来剥蚀辽人不知几千百万。今皆填委大内。"

廖国泰是高淮的得力干将。他忠实地依从高淮的吩咐，在征税过程中，任意派征，还无中生有地捏造谎言，说民众抢夺矿税银子，打死皂隶，进而逮捕仗义执言的诸生数十人。山东巡按杨宏科察知其事后，上疏斥责廖国泰的不法行为，为被捕的诸生鸣冤，要求圣上严惩国泰，释放诸生。结果，被扣压未予进呈。参随杨永恩贪污受贿，确有真凭实据，被揭露出来之后，官民义愤填膺，一致要求予以严惩。神宗无奈，只好降旨责成有关方面会查，实际上只不过是虚应故事，以此封堵众人之口，不了了之。

 2. 为虎作伥，干扰军务

来到辽东后的高淮，身为钦差矿税使，手中握有开采、征税的大权。但他还嫌自己权小，又向神宗奏讨镇守头衔，把辽东军务大权也抓在自己手中。对此，贵州道御史徐宗璿坚决反对，要求神宗"严旨戒饬高淮以后只理税务，至于地方军兵边情，应专听督抚裁决，不许有一毫干预"。辅臣沈一贯还以正德年间太监典兵、几危社稷，世宗革除镇守，天下始得安枕为借鉴，上奏神宗，说明辽东为神京右臂，最为孤悬，最为要害，断不可让高淮执掌这里的兵权。神宗则不以为然，他以为高淮掌握兵权有利于开矿、征税，还是按照他的请求，命他为辽东镇守，从此，他集开矿、征税与典兵大权于一身。

高淮兼任辽东镇守后，胁迫将官，把斗争矛头指向辽东总兵官。他采用无中生有、夸大其实的手法，劾奏总兵孙守廉，结果，孙守廉被罢官削职。他又疏劾总兵马林，神宗不行查核，遂降旨将马林革职，令其闲住，永不叙用。兵科给事中侯先春力主正义，上疏为马林鸣不平。神宗很生气，即刻批复：马林着发边卫充军，侯先春降二级，调极边安置。并且特意申令：再有上书申辩者，一律重惩不贷。侯先春因此而被调往广西按察司中去当知事。职方司郎中张主敬、员外郎宁时镆、主事桑学蘷、王惟简也因为马林鸣不平而被降调，革职为民。

高淮利用手中的权力，大力招降纳叛，网罗地方恶棍，私养家兵数百名，

第二章 十恶不赦，恶贯满盈——历史上的奸宦

时时操练。每次出巡，携带家兵、家丁，耀武扬威，往往在千人以上。万历三十一年（1603年），他不经奏请，擅自带领家丁300余人，打着飞虎旗，金鼓之声震天动地，由辽东回至京师，驻于广渠门外。这是明代建国以来从未有过的事。由于事出突然，京城内外人们颇感不安。当时朝中九卿科道及抚按联名上疏，指斥高淮"擅离信地罪一，潜匿京师罪二，拥兵城下罪三，违旨犯禁罪四，骚扰道路罪五"。工科给事中宋一韩也在奏疏中历数他蓄养死士、恃宠弄权的不法劣迹，神宗对此不闻不问，这就更加助长了高淮的嚣张气焰。

明神宗是一个贪婪的君王，在明代帝王中是首屈一指的。高淮为了巩固神宗对自己的宠信，多次向神宗进献金银、财物。进献是讨好的手段，而进献又是以掠夺所得为前提的。高淮为了讨得神宗的欢心，在掠夺金银财物上，手段之凶狠毒辣，方法之多种多样，比其同时代的矿税使有过之而无不及。

包矿包税是高淮及其爪牙聚敛财物的基本手段。为了确保进献矿税数目的完成，他实行包矿包税。把采矿与征税数额分摊给民户，多者数千，少者数百，再少者几十两、十几两，逼使民户按期按数完纳，稍有怠慢，就喝令爪牙绳捆索绑，押送辽阳天王寺，严刑拷打，或悬头系井，或抽脚朝天，惨不忍睹。这样做不仅使其本人家产荡尽，而且往往祸及别家，株连无辜。

 3. 虐民激变，落寞退场

这时候，高淮的兄弟族人也粉墨登场。他的哥哥高仲、高洋，弟弟高臣、高三、高大小、高二小等，分别被派往山海关、广宁、镇江等地，每处纠集恶棍300余人，分据要地，巧立名目，以抽分为名，敲诈勒索，无所不用其极。更有甚者，商税征收不及额数，扣取官俸，官俸不够，扣取军粮，军粮不够，就向辖区的城邑、各个村屯、各家铺店，以至草舍、茅庵摊派。真可谓是"穷天罄地，靡所不税矣"。

高淮还亲自出马带领家丁进行公开抢劫。万历三十一年春，辽东大雪，有的地方积雪厚一丈多，交通受到严重阻塞，路上很少有行人。这时，他带着家丁数百人，由前屯出发，经辽阳、镇江、金州、复州、海州、盖州（今辽宁盖县），对沿途拥有百金以上的人家进行搜索，仅这一次，就掠得银子10

万两以上。辽人编成歌谣说:"内相出巡,如虎捕人,上天无路,钻地无门。"到万历三十六年(1608年),仅仅十年时间,辽民已经"十室九空"。

在高淮的残酷掠夺下,辽东地区的工农业生产遭到严重破坏,社会秩序混乱,广大民众生活在水深火热之中。广大军民被逼得走投无路,因而,兵变、民变此起彼伏。

万历三十六年(1608年)四月,高淮及其爪牙在前屯卫索取马,拷打军士,激怒了军士,军士们歃血盟誓,准备聚众北投女真。面对这种情况,他不仅不采取措施,抚恤军士,反而派心腹在军士中进行伺探,寻找领头的军士。为此,军士们发誓与高淮血战到底,不杀高淮誓不罢休。五月,锦州、松山地区,相继出现兵变。参加兵变的军士们,也发出了誓杀高淮的怒吼。

山海关内外的民众,对于高淮一伙,更是恨之入骨。这时,数千民众联合起来,包围了福阳店。多亏管关主事李如桢、通判王修行的护送,高淮才逃出山海关。此时,他对李如桢、王修行感激涕零,称他们二人为再生父母。可是,没过几天,他就滥施淫威,诬告同知王邦才、参将李获阳逐杀税使,抢夺御粮,王、李二人也因此被捕下狱拷讯。

此事发生后,群臣激愤,纷纷上疏揭露高淮的卑鄙手段,历数高淮的种种罪行。迫于舆论的压力,神宗不得不在诏书中承认:高淮擅自出巡,骚扰地方,又克扣军饷,致使各军边士卧雪眠霜,劳苦万状,九死一生。可是,神宗并不想处理他,只是宣布让督抚镇守巡按等差官护送高淮返京,交司礼监听候处理。回到京城后,神宗并没有治他的罪。由于他在辽东坏事做尽,名声太坏,也没有敢再起用他。

这之后,高淮在史籍中就不见了踪影,但他在辽东的暴行却影响深远。高淮之举不仅破坏了当地的经济、军事,戕害了人民,而且激化了民族矛盾,给努尔哈赤建州女真势力的扩张提供了机遇。总体来说,高淮的暴行涣散了民心,使当地人民包括汉族和蒙古族以及其他女真部落投向了努尔哈赤,以获得生路。高淮的暴行又直接与努尔哈赤发生冲突,制造了矛盾,加速了其与明王朝决裂的进程。高淮不顾辽边形势的严峻,常常借口交易,扰乱马市,侵剥财物,激怒努尔哈赤等。如他曾在抚顺额外征收、减价强卖,而欠努尔哈赤等的人参、珍珠价款却"历年不与"。万历三十七年(1609年),努尔哈

第二章 十恶不赦，恶贯满盈——历史上的奸宦

赤率领精锐骑兵五千名，在抚顺关上扎营，要挟索取人参款，并扬言"与我参价则已，不与则缚欠价者，立献于我"，矛头所指，正是高淮。明朝守道谢存仁只好令边吏设席，犒以牛酒，委曲与约，努尔哈赤才撤兵回寨。

高淮猖獗辽东十余年，致使辽东危在旦夕，人们都认为"辽亡形成矣"。当时朝中的大臣们曾说："淮去则辽安，淮在则辽亡。"然而，高淮在辽亡没有疑义，高淮去辽却未必能安。高淮溜掉以后，辽东的情况有所好转，但大势已去，明亡清兴的趋势已无力逆转。

贵敌王侯，富埒天子——张兰德

张兰德（1876—1957年），天津静海县南吕官屯人。清朝末代太监总管。名祥斋，字云亭，在内宫太监里排辈兰字，序号张兰德，慈禧太后赐名"恒泰"，宫号小德张。1888年自宫其身，1891年入宫当太监，1892年被派入宫内南府升平署戏班学京剧武小生，技艺精湛，深受慈禧太后赏识。1898年被提升为后宫太监回事。庚子事变中，随慈禧太后西狩，回京后升任御膳房掌案，三品顶戴。1909年，按照慈禧的懿旨，升为长春宫四司八处大总管，各王公贵族、朝廷大臣晋见隆裕太后，必须得到小德张的首肯，权倾一时。民国二年（1913年）隆裕太后去世后，出宫到天津英租界做寓公，深居简出，不问政事，广置田产。1957年4月19日病逝于天津，终年81岁。

1. 自幼贫寒，入宫求贵

张兰德幼年丧父，家境贫困，经常身无换洗衣，家无隔夜粮。走投无路之下，他取了一把刀，钻进牲口棚，自己动手，阉割净身，企图通过此举实现出人头地的美梦。

光绪十七年（1891年），皇宫补选太监，兰德如愿入选。初进宫的小太监，实际上是小伙计、小仆人。他被分派在茶房干杂活，同时拜哈哈李为师，学习宫中礼仪。张兰德长得眉清目秀，聪明伶俐，嘴巴很甜，很快转移到戏班学戏。这使他有了接近上层人物的机会。

张兰德学戏很是用功，再加上悟性很高，不久就演上了主角。他和其他

演员一样,有了自己的艺名,叫"小德张"。一次,戏班给慈禧太后演戏,张兰德使出浑身解数,深得太后欢心。于是便时来运转,升任御前太监。

光绪二十七年(1901年),张兰德又被提拔为御前膳房掌案,赐予三品顶戴。张兰德感恩戴德,费尽心机,努力调剂和改善慈禧的饮食。慈禧喜欢吃厚味油腻的食物,如烤肥鸭、爆羊肉之类。张兰德亲自下厨,烹、炒、煎、炸、蒸、煮,尽其所能,制作美味佳肴,最大限度地满足慈禧的口福。天长日久,张兰德几乎成了慈禧的专职厨师。

张兰德

张兰德颇有心计,在逢迎慈禧的同时,不忘巴结隆裕皇后。于是,他的身价也是一天高于一天。为了满足自己的野心和私欲,他开始结交朝臣,拉帮结派,发展势力。内务府大臣世续、景丰、增崇,军机大臣袁世凯等,都与他彼此相依,互相利用。这样,宣统元年(1909年),张兰德继李莲英之后,登上了内监大总管的位置,成了一个炙手可热、举足轻重的新权贵。

 2. 倚仗权势,巧取豪夺

张兰德上台伊始,首先拿他的同类开刀。当时皇宫中有个太监集团,号称"三十六友",以隆裕太后寝宫总管万宝斋为头领,遇事常在一起嘀嘀咕咕。张兰德为了实现内宫大权独揽,当然容不得这个集团的存在,所以故意找茬,无事生非,胡乱捏造罪名,残酷打击和迫害"三十六友"。他使用的手段异常凶狠,杖击、鞭笞、砍手、断足等,以致许多人被折磨致死。侥幸活命的也被降职降俸,罚做苦役。

隆裕太后政治上短视,生活上却很奢侈,国难当头之时,仍然大兴土木,建佛堂,修宫宇。她没有几个可以信赖的人,大小事情只能委托张兰德全权

第二章 十恶不赦，恶贯满盈——历史上的奸宦

张兰德、隆裕太后与袁世凯

负责。张兰德趁机虚报冒领，贪污受贿，侵吞的财物无数。他还鼓动隆裕太后卖官鬻爵，甚至盗卖国宝，中饱私囊。

张兰德最走红的时候，生活待遇和皇帝、太后一样，都吃御膳房做的饭菜，每餐40道菜和汤，仅伺候用膳的太监就有20多人。高车大马，锦衣玉食，气使颐指，擅作威福——这就是张兰德生活的真实写照。

宣统三年（1911年），辛亥革命爆发，各省纷纷独立。载沣、隆裕太后只得任命袁世凯为内阁总理大臣，由他出来收拾摇摇欲坠的局面。袁世凯老奸巨猾，用重金贿赂张兰德，随后两人串通一气，要挟隆裕太后，逼迫清帝退位。张兰德眼见清朝气数已尽，乐得大量受贿，置田产，盖楼房，创办当铺和商号。1912年元旦，孙中山在南京就任临时大总统，宣告中华民国成立。2月12日，隆裕太后迫不得已，代宣统皇帝颁布了《退位诏书》，清帝正式退位，标志着清朝灭亡和中国封建帝制就此结束。

1913年，居住在紫禁城的隆裕太后病死。张兰德内监大总管的职衔已经变成历史陈迹，他怀着几多伤感、几多留恋的心情，离开北京，悄悄到了天津。天津有他早就安排好了的安乐窝，那里有富丽堂皇的公馆，有成群结队

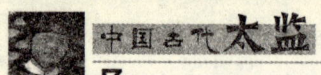

的奴仆,甚至还有四个年轻貌美的老婆。张兰德在天津过着地头蛇式的生活,威震一方,富得流油。中华太监史上最后一个内监大总管,能够如此的"贵"和"富",说明他很狡猾、很贪婪,他用权术和智谋为自己安排了一个相当不错的结局。

尽人皆知小德张是隆裕太后最宠信的一个太监,但很少人知他在宫中足以挟制隆裕的声势。例如他说太后应忌生冷,隆裕便不敢吃凉东西,甚至因烦渴难忍而偷饮漱口用的凉水。又如他说太后得多遛一遛,太后便一步轿也不敢坐,以致累得满头大汗。至于劝太后少食,太后便不敢吃饱;让太后多吃,太后即便不饿也得勉强加餐之类,更是家常便饭不足为奇了。

小德张在晚清宫中,既有这样左右太后的力量,就予取予求,为所欲为。宫中的书画古董,他明目张胆地运回家中,宫中虽人人侧目,但皆敢怒不敢言。从宣统元年到隆裕太后死的几年中,清宫中的财物不知被他盗去多少。他家中之阔,除庆亲王府,就数他家。数十年后,溥仪已被改造成为人民中的一员,曾用八个字评说张兰德:"贵敌王侯,富埒天子。"

政治上,小德张和袁世凯勾结,恫吓太后不遗余力。中华民国的出现,特别是窃国大盗袁世凯能登基,都直接或间接与张有关。一般人对张的定评是:他较慈禧太后时的大总管李连英,二总管崔玉贵,皆有过之而无不及,是清代二百余年,特别是晚清最恶的一个太监。当年慈禧太后只是宠信李崔,决无受其包围、操纵之事,两隆裕太后则是太阿倒持,在生活细节亦甘受其摆布。

小德张到天津后,生活上虽然十分富有,但在精神上却是十分无聊,除了养金鱼、种花草和喂了许多小叭儿狗以外,每天午后写上三五幅"鹅"来消遣。他还信仰道教,大概是受了原来宫中大总管刘多生的影响,不过他不念经,只是在道家节日,他才戴上道冠,穿上道服,手持宝剑,盘膝静坐而已。解放以后,小德张依然安度晚年,并没有受到多大的触动。

1957年4月19日小德张去世,被土葬在天津城外三十多里的"义地"——北仓。

第二章 十恶不赦，恶贯满盈——历史上的奸宦

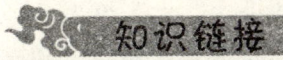

小德张为母大办丧事

1928年旧历六月初八，小德张的母亲在天津因病去世了，终年80岁。老太太一咽气，小德张新娶不久却当家主事的四太太张小仙便带着他的另外两个姨太太，还有继子张彬茹的三个太太七手八脚地替老太太穿好了诰命夫人的服饰，盖上隆裕太后当年赏的陀罗经被，灵前烧"倒头纸"，府门外也烧起了倒头车马。这次丧事请的是大事全赁货铺的经理魏子文和天兴寿材厂的经理李锡三为总理事，准备的所有烧活都是真材实料。烧倒头车马中的八抬大轿是真正的绿呢轿围，蓝呢马车、顶马、跟马都精美无比，车夫、轿夫、跟班等都按着人数糊制，身上的衣服全是真正的绸缎，一把火在府门前烧了，这才是头一批。从此后，僧、道、喇嘛、尼姑每日奉经不绝，门前吊客不断，进进出出的有前清遗老遗少，也有民国官员。府中开的是流水席招待吊官，跟着混吃混喝的当然也不少。到了出殡这天，小德张请来清朝最后一个武状元武国栋祭门，前北洋政府总理高凌蔚点主，送殡的队伍中是亭、幡、伞盖、神匾、神轿、衔牌、执事、雪柳齐备，外加十三棚经，送葬的亲友排了几里长，前面引魂幡已经走过旭街（今和平路）到了北车站（天津北站），这边64人的大杠才刚刚上肩。那天小德张的总管房玉林走门路弄来专为慈禧太后出殡在德国订制的蓝钢包车，运送灵柩回静海县吕官屯，当时的天津警备司令傅作义也给派出一个连的士兵随行护送。这一场丧事排场之大，在当时的天津无人能比。

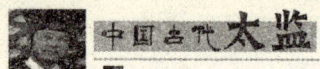

第四节
祸乱后宫、毁誉参半的太监

淫乱后宫，图谋不轨——嫪毐

嫪毐（？—前238年），本名嫪大，秦国人称品行低下的人为"毐"，即嫪大也被称为嫪毐。他之所以能混入秦宫，成为赵太后的男宠，乃至封为长信侯，是与相国吕不韦对他的收买利用分不开的。

1. 奇货可居，假宦封侯

吕不韦（？—前235年），战国末期卫国著名商人，后为秦国丞相，政治家、思想家，卫国濮阳（今河南滑县）人。吕不韦原是一个政治投机商人，在韩国阳翟（今河南禹州市）经商时，已经是"家累千金"的大富商。他在赵国邯郸经商时，结识了秦国落难王孙公子异人，决定利用他做一笔政治投机的大生意。吕不韦向异人献计说："要想立为太子，必先讨好华阳夫人，才能得宠于安国君，让安国君和华阳夫人立你为太子。我虽穷，愿想办法弄到千金，为你到秦国游说华阳夫人和安国君。"

吕不韦和异人达成协议后，送给异人500金，让他在邯郸结交宾客。自己又用500金购买了许多珍奇宝物，到秦国去游说华阳夫人，成功使得安国君立异人为嫡子。

吕不韦的妻子赵姬，是一位能歌善舞的绝代佳人。当时赵姬已经怀孕，而吕不韦怀着不可告人的目的将赵姬送给异人。赵姬不久便为异人生下一个

第二章 十恶不赦，恶贯满盈——历史上的奸宦

胖小子，取名为政，就是后来的秦始皇。

秦昭王五十六年（前251年），昭王死，太子安国君继位，是为秦孝文王，立子楚（就是异人）为太子。孝文王即位后三天便死了，子楚即位，是为庄襄王。庄襄王以吕不韦为相国，封文信侯，食洛阳10万户。庄襄王即位三年（前247年）即病死，太子政即位，史称秦王政，尊吕不韦为相国，号称"仲父"。当时秦王政只有13岁，朝政大权掌握在吕不韦手里。

秦王政尊其母亲赵姬为王太后，这位年轻貌美的太后本来就是一位风流夫人，现在丧夫守寡，怎能忍耐宫闱寂寞，于是就以商量"国事"为名，让吕不韦经常出入甘泉宫，与她私通旧好，一直到秦王政年事渐长。吕不韦怕事情败露，便想出一条妙计，找来一个叫嫪毐的替身，让他代替自己与太后私通。

吕不韦让嫪毐拔去须眉，假作太监，入宫服侍赵姬。从此赵姬与嫪毐在后宫朝夕贪欢，不久赵姬就怀孕了。嫪毐与赵姬密商，买通仆人，诈言宫中不利母后，应该迁居避祸。嬴政不知有诈，就请母后徙往雍宫。从此母子不在一处，无所顾忌。赵姬连生两个男婴，嬴政均不知晓，反而在母亲的要求下，加封嫪毐为长信侯，赐他数千奴婢，食邑山阳，又以河西、太原等郡为其封田。嫪毐门下家僮最多时有数千人，门客也达千余人。一时门庭若市，成为咸阳豪门，已经发展成了能与吕不韦抗衡的势力。

 2. 得意忘形，谋反遭诛

嫪毐威权日盛，私下与赵姬密谋，打算将他们的私生子立为嗣王。但嫪毐毕竟是市井小人，小人得志，难免会忘乎所以，往往得意妄言。有一天，他与大臣饮酒，喝得酩酊大醉，便起了口角，嫪毐叱骂说："我是秦王的假父，你敢与我斗口？你难道有眼无珠，不识高下么？"大臣不甘心受辱，便将这些话告诉了秦王。

嬴政本来蜂鼻长目，鹯膺豺声，本性刻薄少恩，听到此等消息，不禁愤怒异常，当下密令调查虚实。后来得到密报，说嫪毐本不是阉人，确与太后有奸通且生子的丑事。嫪毐得知消息，不甘坐以待毙，决定趁秦王不在咸阳的时机先行铲除吕不韦。在秦王去雍城举行冠礼时，嫪毐按计划用秦王与太

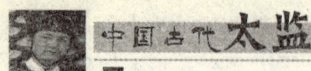

后印信,引导其僮仆门客和军队发动政变,要诛杀吕不韦。想不到吕不韦树大根深,勾结楚系势力昌平君、昌文君领咸阳士卒与嫪毐争斗,两军战于咸阳。吕不韦假冒秦王下令:"凡有战功的均拜爵厚赏,宦官参战的也拜爵一级。"嫪毐军数百人被杀死,嫪毐也深受重创。嫪毐的军队大败,与死党仓皇逃亡。

最后在吕不韦的压力下秦王令谕全国:"生擒嫪毐者赐钱百万,杀死嫪毐者赐钱五十万。"嫪毐及其死党被一网打尽,秦皇车裂嫪毐,灭其三族。嫪毐的死党卫尉竭、内史肆、佐弋竭、中大夫令齐等二十人枭首,追随嫪毐的宾客舍人罪轻者为供役宗庙的取薪者——鬼薪;罪重者四千余人夺爵迁蜀,徙役三年。

秦王又遣将士搜查雍宫,捕杀赵姬私生的二子。赵姬被驱往嫚阳宫拘禁起来。吕不韦因送假太监进宫伴太后,犯下欺君之罪,本当连坐,因念他侍奉先王有功,功罪相抵,褫免相国职衔,勒令去河南乡下闲置,后饮鸩自尽。几年后赵姬亦死。

秦王政铲除了嫪毐、吕不韦为首的政敌后,权力大为加强,为统一中国创造了有利条件。

寺人披回报宿敌

寺人披又名勃鞮,是晋献公和晋文公时期的一位宦官。在晋献公时代,寺人披曾带兵征伐蒲国,可见在当时就已经受到重用。后来,他又参与到宫廷斗争之中。晋献公共有五个儿子,即长子申生、次子重耳、三子夷吾、四子奚齐、五子卓子。申生已被立为太子,但晋献公的宠妃骊姬想让自己的亲生儿子奚齐或卓子继位,便发动夺嫡攻势,唆使晋献公杀掉了太子申

第二章 十恶不赦，恶贯满盈——历史上的奸宦

生。重耳和夷吾见情况不妙，分别逃往国外。在此期间，寺人披曾奉骊姬之命刺杀重耳，但没有成功。重耳在外流亡19年后，回国当了国君，是为晋文公。前朝旧臣吕省、郤芮因过去与重耳有夙怨，在晋文公即位后害怕遭到报复，暗地里商量要烧毁宫廷，害死晋文公。寺人披得知情况后，急忙求见晋文公，准备密报此事。但晋文公对他耿耿于怀，刚开始拒绝接见他。寺人披让别人转告晋文公说："当年齐桓公继位前，管仲曾用箭射过他。齐桓公继位后不但不记仇，反而委任他为齐国丞相，结果管仲协助齐桓公完成了霸业。我现在有要事向您报告，您却因为过去的私怨而不愿见我，这样您能成大事吗？"晋文公听后顿然醒悟，立刻接见寺人披。寺人披即把吕省、郤芮的阴谋告诉了晋文公。晋文公偷偷逃到秦国避难，结果吕省、郤芮只焚烧了晋国宫室，未能害死晋文公。晋文公后来在秦穆公的帮助下返回晋国，杀死了吕省、郤芮两人，平息了这场内乱。通过这件事，晋文公不但宽恕了寺人披以前的罪行，而且对他信任有加，甚至连高层官员人选等重大问题，都经常咨询他的意见。

亦忠亦奸，亦奴亦将——高力士

高力士是个说不清道不明的复杂人物。高力士的一生，从贵族家公子到死囚犯，再到小太监，先后历武则天、玄宗、肃宗、代宗等四朝皇帝，亲历了唐王朝由盛而衰的历史转折过程，算得上是一段传奇。他的政治手段十分高明，能取得玄宗的信任，几十年间呼风唤雨，也需要很高的谋略。对于开元天宝时期的政治生活，乃至有唐一代的历史发展，都产生了极大的影响。

1. 一生忠于唐玄宗

高力士（684～762年），本名冯元一。祖籍潘州（今省高州）。本为名臣之后，因为牵连到谋反案件被阉入宫。后由高延福收为养子，遂改名高力士，受到当时女皇帝武则天的赏识。在唐玄宗管治期间，其地位达到顶点，由于曾助唐玄宗平定韦皇后和太平公主之乱，故深得玄宗宠信，终于官至骠骑大将军、进开府仪同三司。

贵妃醉酒高力士邮票

当李隆基还是临淄王时，高力士即看好他的政治前途，而李隆基也很欣赏高力士的才干，把他当成心腹。

当时韦皇后弄权，李隆基发动政变，杀掉韦皇后，高力士立下了功劳。政变之后，睿宗复位，李隆基成了太子，高力士紧接着做了朝散大夫、内给事，掌管宫内百事。

其后三年，高力士又帮助李隆基发动政变，杀死太平公主及其党羽。事件之后，高力士又升了官。不但如此，高力士还很受玄宗信任，玄宗直接称呼他将军，而且一些不太重要的奏表，都让高力士处理。

上元元年（760年）八月，玄宗返回长安后，这种君臣相依为命的日子并没有持续。760年，一代名宦高力士被流放了。他为保护玄宗，被当政的肃宗皇后张良娣与奸宦李辅国怀恨而贬谪到湖南巫州（今湖南怀化市）。

宝应元年（762年）肃宗、玄宗相继在惊恐郁闷中驾崩，始终渴望回京侍奉太上皇的高力士虽被赦还朗州（今湖南常德），闻知先帝已驾崩后，悲痛地绝食7日而死。继唐肃宗位的唐代宗赠高力士扬州大都督的官位，遵先皇遗诏陪葬唐玄宗之泰陵（今陕西省蒲城县境）。

第二章 十恶不赦，恶贯满盈——历史上的奸宦

 2. 擅权不专政，无毒不丈夫

高力士开了唐代宦官干政之始，但并不像他的徒子徒孙那般专权，仅及擅权。

高力士由于参与了杀死萧至忠、岑羲等的功劳，做了右监门卫将军，知内侍省事。所有的奏请都先由他察看然后进呈，大事申报，小事自行解决。在那时，宇文融、李林甫、韦坚、杨国忠、安禄山、安思顺、高仙芝等，都是因为极力巴结高力士，才能官至将相；此外承风附会的人，多得不可胜计。肃宗在东宫时，把高力士作为兄长一样，其他的王侯、公主都得称他为翁，皇亲国戚尊称他为爷，皇帝或者不叫他名字而叫他将军。

攀附高力士的人，或升官或发财；触忤高力士的人，就可能遭贬遭杀。

唐代大诗人李白，志高清奇，才气逼人。天宝初年，李白由大诗人贺知章引荐给玄宗，深得玄宗的喜爱。玄宗宴请李白，亲自为他调羹，并让他供奉翰林。但有一次，李白与玄宗一起饮酒，醉意朦胧，竟让高力士为他脱鞋，这让高力士深感受辱，由此对李白恨之入骨。

工于心计的高力士，决心利用玄宗宠爱的杨贵妃之手来打击李白。李白曾写诗描写杨贵妃说："一枝红艳露凝香，云雨巫山枉断肠。细问汉宫谁得似，可怜飞燕倚新妆。"把杨贵妃与汉代美女赵飞燕相比。高力士抓住赵飞燕与宫外男子燕赤凤私通一事，竭力挑拨，说李白有意讽刺贵妃，由此贵妃对李白十分怨恨。玄宗每次欲授李白官职，杨贵妃都从中阻止。李白自知不会被重用，于是便恳求出宫，玄宗许诺。这样，高力士借贵妃之手，把敢于违背己意的李白排出了宫外。

高力士在民间的形象很不好，其中最大的原因和大诗人李白有关系。人们几乎都认定，因为高力士的擅权专横，毁了李白的大好政治前途。但高力士一生，并未做过大奸大恶之事，这是十分可贵的。

曾有历史学家这样评价高力士：他是一位有着复杂出身、凄苦经历，具备远见卓识和清醒头脑，但同时也对唐朝由盛转衰负有一定责任的一代宦官。高力士在宫中服役60多年，忠于唐王室，对玄宗行事亦屡有好言进谏，但开了唐代宦官受特宠、财势膨胀的先例，影响深远。

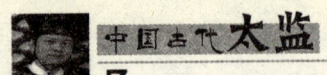

知识链接

干政的岳父王沈

304年，匈奴族首领刘渊称汉王，年号元熙，建都离石。308年，刘渊称帝，迁都平阳。刘渊死后，刘聪杀兄自立。316年，刘聪命刘曜攻陷长安，西晋灭亡。

刘氏政权不断汉化，他们信任汉儒崔游、刘宏，改革官制，一依汉人朝廷制度。与此同时，设立了宦官制度。其间，以王沈为首的宦官肆意干政，作了充分的表演。

王沈在宫中任中常侍。他有个14岁的养女，美貌无比，献给刘聪为左皇后。刘聪的中皇后是宦官宣怀的养女。刘聪成了宦官的女婿。

刘聪在生活上特别淫荡，或三日不醒，或百日不出，政事委于宦官，中宫仆射郭猗、中黄门陵修、中常侍俞容都受重用。

当时的政务是由相国刘粲负责，刘粲通过王沈向刘聪秉报，王沈则常常自作主张。由于王沈代替皇帝理事，朝臣无权，使得政务不清，特别是在赏罚方面引起不平衡，矛盾重重。王沈在经济上富比王侯，他的党羽作恶多端，在社会上引起不满。

朝臣对王沈极为不满。太中大夫公师彧、尚书王琰、田歊、少府陈休、左卫将军卜崇、大司农朱诞都与王沈作对，宁愿一死也不愿俯首侍奉王沈。侍中卜干曾劝陈休说：王沈的势力足以回天地，你即使有窦武和陈蕃那样的能力，也斗不过王沈。然而，陈休还是不愿低头臣服于王沈。果然，王沈在刘聪面前诬告陈休，致使陈休等七个贤士遭杀害。

这次滥杀，激起了御史大夫陈元达等人的义愤，他们到宫门前上书进谏，指责王沈等人伪造御旨，欺骗朝廷，诬陷忠臣，祸国害民，而皇帝竟

第二章 十恶不赦，恶贯满盈——历史上的奸宦

然听信谗言，对陈休等人施以酷刑，这实在使臣民痛心，请求皇帝重新处理此事，严惩宦官。

刘聪不以为然，问相国刘粲，刘粲与王沈是朋党，竟然称王沈有"忠清"，刘聪信以为真，意欲封王沈为列侯。

刘粲之所以与王沈狼狈为奸，一方面是为了保住官位，另一方面是想借用王沈除掉心腹之患刘义。刘义是刘聪之弟，与刘粲不和，被贬往外地。刘粲设计了一条毒计，他派人告诉刘义，说京师有变，作好军事准备。同时，又派人告诉刘聪，说刘义谋反。刘聪大惊，问王沈，王沈乘机谮言："臣等闻之久矣，屡言之，而陛下不之信也。"刘聪轻信了王沈之语，杀了刘义及其下属10万多人，造成大惨案。刘聪对王沈说："吾今而后知卿等之忠也。当念知无不言，勿恨往日言而不用也。"从此，王沈与刘粲无所顾忌，为所欲为。

 臭名昭著，身首异处——安德海

100多年以前，大太监安德海曾红极一时，他离间两宫关系，打击东太后，目无小皇上，污辱王爷奕䜣。皇宫上上下下，从王爷到军机大臣，从嫔妃到皇子、公主，从小太监到宫女们，无不怕安德海几分。他与西太后建立了一种肮脏的秘密"情人"关系，专承西太后的欢心；他从一些嫔妃手中骗到一些宫中的奇珍异宝、古玩字画，以高价出卖；他买田造宅，娶妻纳妾，奢侈淫靡；他排挤朝廷重臣，参与朝政……结果自然是未得善终。

1. 穿针引线，政变功臣

安德海（1844—1869年），清末宦官，直隶南皮（河北省南皮县）人。

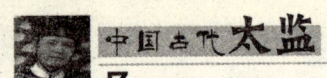

在家里排行老二，在宫中称安二爷。他在八九岁时净身，进宫后在咸丰帝身边为御前太监。安德海的师傅是刘多生（又名刘印成），但是，安德海聪明伶俐，善于奉承，因此，他的地位比师傅上得快，很快就得到咸丰帝和那拉氏的好感。

咸丰帝对那拉氏一直存有戒心，临终前（咸丰十一年三月初五日），咸丰帝给慈安皇后下了手谕，谈到那拉氏既生皇子，异日母以子贵，自不能不尊为太后。

如果那拉氏图谋不轨，就以此诏命廷臣除掉她。手谕原文："朕忧劳国事，致攫痼疾，自知大限将至，不得不弃天下臣民。幸而有子，皇祚不绝；虽冲龄继位，自有忠荩顾命大臣，尽力辅助，朕可无忧。所不能释然者，懿贵妃既生皇子，异日母以子贵，自不能不尊为太后，惟朕实不能深信其人。此后如能安分守法则已，否则，著尔出示此诏，命廷臣除之。凡我臣子，奉此诏如奉朕前，凛遵无违，钦此。"

这样一份重要的谕示，竟然被安德海知道，他又冒着杀头的危险，透露给那拉氏。从此，那拉氏待安德海为心腹。咸丰帝死后，那拉氏被尊为慈禧太后，与慈安太后一起垂帘听政。慈禧太后的对头是载垣、肃顺等"顾命八大臣"。为了对付他们，慈禧派安德海连夜与咸丰帝的异母兄弟恭亲王奕䜣密谋，又让奕䜣男扮女装，会见两宫太后，决定了发动政变的方案，酿成了辛酉北京政变，造成了两宫太后垂帘听政的"同治"时期。

2. 干预朝政，胡作非为

年仅20岁的安德海很快就提升为总管太监，他自恃有穿针引线之功，忘乎所以，目无朝臣，甚至连同治帝也不放在眼中。

安德海成了总管大太监后，开始妄想干预起朝政。安德海深知，两宫皇太后都是女流，深居宫中，他有办法应付。而恭亲王奕䜣本是咸丰帝的胞弟，政变后又当上了议政王，掌握了军机处和总理衙门的大权，是一个有真正实权的人物，是自己专横跋扈的大障碍，必须设法搬掉这块拦路石。于是，他经常在慈禧太后面前说奕䜣的坏话，而慈禧也正想解除奕䜣手中的权力。到了同治四年三月，在安德海的密谋下，慈禧借用一个御史弹劾奕䜣的机会，

第二章 十恶不赦，恶贯满盈——历史上的奸宦

发动突然袭击，亲手写诏书，以"虽无实据，事出有因"的罪名，革去奕䜣的议政王和一切差使，不准干预一切公事。一个月后，又以奕䜣"深自引咎，颇知愧悔"为由，下令让奕䜣"仍在军机大臣上行走，无庸复议政名目"。慈禧在这一反一复之间，既轻而易举地革去了"议政王"的名位和权力，又继续使用了奕䜣，扫除了对自己的威胁。

安德海还经常搬弄是非，挑拨同治和慈禧太后的母子关系，使得小皇帝常被慈禧太后训斥。他目无皇帝，越权胡为，已经到了令同治皇帝忍无可忍的地步。

安德海得逞之后，又玩弄种种伎俩，以功名利禄为钓饵，培植党羽，广交朝臣，一时间安德海门庭若市，权倾朝野，人们把他比做明朝宦官魏忠贤。

 3. 违制出京，终丢性命

同治八年（1869年），久在宫闱的安德海想出宫游玩并借机敛财，遂借口预备同治帝大婚典礼，再三请求慈禧太后派他到江南置办龙袍、预备宫中婚礼所用之物，获得慈禧太后许可。有了太后的支持，安德海置清朝不许太监擅出宫禁的祖制于不顾，带领着一班随从，前呼后拥地出京了。

有鉴于明朝太监专权祸国的历史教训，清朝对内廷太监的管理一直异常严格，坚决防止太监干预朝政。开国之初，顺治帝就于顺治十年（1653年）颁布上谕，对太监管理做出了规定：非经差遣，不许擅出皇城。这道上谕后来成为清朝皇室的祖宗家法，但凡有太监触犯，多会被处以极刑。同时《钦定宫中现行则例》还规定：太监级不过四品，非奉差遣，不许擅自出皇城，违者杀无赦。安德海当时只是六品蓝翎太监，仗着慈禧太后的宠爱，在未知会任何官方衙门的情况下，便违反祖制、擅出宫禁，最终为他招来了杀身之祸。

船到山东境内后，地方官上报巡抚丁宝桢。生性廉洁刚烈的丁宝桢以清宫祖训"太监不得私自离京"为由，派兵将安德海在泰安抓获，并火速上报与慈禧太后有矛盾的慈安太后，获许后决定将安德海就地正法。可就在此时，慈禧太后发来解救安德海的懿旨。丁宝桢果断地决定"前门接旨，后门斩首"，将安德海拉到西门外丁字街（今饮虎池街北段）斩

慈禧太后

首。同时被杀的安德海党徒还有二十余人。既然生米煮成熟饭，慈禧太后最后也奈何不得。

关于安德海之死，也有人说是慈禧太后借刀杀人。慈禧太后与同治帝关系紧张，她对这种隔膜的母子关系一生都耿耿于怀，而安德海则对此难辞其咎。随着安德海在宫中的势力越来越大，在朝廷中树敌太多，对慈禧太后也造成了压力。为避免安德海对自己形成更大的威胁，慈禧太后逐步产生了除掉他的想法。因此，当安德海要求出宫时，慈禧太后明知不妥，也未加以阻拦。当丁宝桢奏折呈上时，慈禧太后借口生病，将此事交给了同治帝和慈安太后处理，使安德海沦为宫廷政治斗争的牺牲品，这也表现了慈禧太后政治手腕的高明。

第二章 十恶不赦，恶贯满盈——历史上的奸宦

邀宠有道，八面玲珑——李莲英

李莲英是清朝影响最大的一位太监。在权势方面，他不及前朝权阉，但比起知名度，李莲英则毫不逊色。他在清宫中历经咸丰、同治、光绪、宣统四朝，长达53年，尤其在慈禧身边伺候了二十多年，直接或间接地对时局产生了一定影响。

1. 邀宠有道，慈禧恩宠

李莲英（1848—1911年），原名李进喜，直隶河间府人。民间传说，他原是当地一个有名的无赖，平时吃喝嫖赌无所不为，他曾一心想出人头地，于是一狠心，自行净身后入宫。清宫档案也证明，他是在咸丰七年（1857年）由郑亲王端华府送进皇宫当太监的。

李莲英初入宫时，在梳头房负责"侍奉巾栉"，由于掌握了一套梳理新发型的技术，由此得到慈禧宠爱。李莲英善于察言观色，在很短的时间内就将慈禧太后的心思摸得一清二楚。为了讨慈禧太后的欢心，李莲英挖空心思，花样百出，把慈禧太后哄得凤心大悦。

李莲英邀宠的典型事例，莫过于在慈禧太后过60大寿时玩放生的把戏。在慈禧太后生日临近时，李莲英买了许多鸟，经过秘密训练，鸟都能自动飞回鸟笼。在生日那天，李莲英让太监拿来一些鸟笼，劝慈禧太后亲手放生。慈禧太后把鸟笼打开后，笼中的鸟飞上了天空，可不久又都飞了回来。慈禧太后感到很奇怪，此时李莲英跪下道："这是因为皇恩浩荡，恩及禽

李莲英翠扳指

139

兽，连飞鸟也为之感动，故尔飞而复回。此乃天意，是吉祥佳瑞之兆。"

清朝八旗子弟提笼架鸟的大有人在，大家都晓得此中蹊跷。慈禧太后明白这是李莲英的一番苦心，但又怕大臣笑话自己昏庸无知，于是要降罪于李莲英。李莲英却不慌不忙地回答说："奴才怎敢蒙蔽老佛爷！实在是鸟儿通灵性，感戴您的恩德。老佛爷福德盖天下，故上天降此吉祥。老佛爷如果不信，请再放鱼以验证。自古以来鸟可驯，但无驯鱼之例。恳求老佛爷在放鱼之后再处罚奴才。"

慈禧太后听后，与众人一起来到昆明湖边，命太监将准备好的100桶鱼全部倒入湖中。只见这些鱼儿四散游开后，不一会儿又纷纷游回来，摇头摆尾地排列在湖边的石阶下，仿佛在向慈禧太后行礼。慈禧太后心花怒放，当即将自己脖子上的一颗大朝珠赏赐给李莲英。其实，这也是李莲英精心安排的把戏。他让人预先将鱼饿了好几天，并准备了一些装满鱼虫的袋子。放生之前，将袋子隐蔽地放置在湖边石阶下，袋口稍稍张开，用鱼虫来引诱被放生的鱼。这些鱼下水后，游向湖边觅食，并张口吃虫子，看上去便像在给慈禧太后行礼。

李莲英办的最让慈禧太后满意的一件事，便是帮她筹集了修建颐和园的经费。当时，福建水师在中法战争中丧失殆尽，清政府受此刺激，决定大办水师。这件事由李鸿章负责。李鸿章接连几次奏请朝廷筹集军费，却总是不被批准。无奈之下李鸿章只得亲自到朝中打探消息。李莲英向李鸿章表达了太后想修建颐和园的意思。于是两人便串通起来，借筹建海军的名义，责成各省每年定额输款，从中提取一半用来修建颐和园，共耗资白银3000万两。颐和园修成后，慈禧太后非常高兴，对李莲英备加宠爱。

2. 求荣有术，谨言慎行

李莲英虽被慈禧太后宠爱，但从不恃宠而骄，而是处处小心谨慎，"事上以敬，事下以宽"，以收拢人心。

李莲英在紫禁城的东华门外，修建了一座占地40亩的宅院。他当了内廷大总管后，家人为了显示权势，特地在宅前挂了一块大牌子，上书"总管李寓"四个醒目大字。后来这字碰巧被慈禧太后看到，心生不悦。李莲英察言

第二章 十恶不赦，恶贯满盈——历史上的奸臣

观色，急忙赶回家中，把门上的牌子卸下来后前去跟太后请罪。这样一来太后觉得李莲英办事十分妥当。

由于慈禧太后对李莲英宠信日深，引起部分朝臣的不安。于是，对于李莲英的各种非议沸沸扬扬。但由于李莲英素来为人谨慎，始终没被大臣们抓住把柄。

光绪十二年（1886年）四月，直隶总督兼北洋大臣李鸿章上奏，北洋海军已经训练成军，请朝廷派大员前来巡阅。慈禧太后派总理海军衙门大臣醇亲王奕譞前去天津、旅顺巡阅，并让李莲英随同前往。一时间李莲英出尽了风头。其实，李莲英在巡视期间，一直牢记太监安德海的教训，办事非常谨慎。他不住淮军为他准备的华丽行馆，只随醇亲王起居。醇亲王见客时，李莲英穿着朴实，在一旁侍立伺候。退归私堂后，他也不见外客，一路保持低调。当时直隶、山东的一些官员，一心想巴结这位太后身边的"大红人"，但都没有机会。

李莲英返回京城后，朝臣的不满之声四起。御史朱一新拥护光绪帝变法，对以慈禧太后为首的保守派十分不满，尤其憎恨李莲英介入朝政和军事。他上书奏称太监参加巡阅海军乃是破坏祖宗的制度，但慈禧看了朱一新的奏折后勃然大怒，将朱一新降级，逐出京城。从此，杜绝了对李莲英的一切批评。

 3. 圆滑处世，八面玲珑

眼看着慈禧太后日益年迈，李莲英在对慈禧太后继续效忠的同时，开始暗中为自己物色新的主人。在他秘密结交的重要人物中，首先就是光绪皇帝。

李莲英与光绪皇帝的关系一直保持得不错。"戊戌变法"后，慈禧太后将光绪皇帝囚禁起来，自己临朝听政，母子关系交恶。在这对矛盾关系中，李莲英谁都不愿得罪，两面逢源，在夹缝中求生存。光绪二十六年（1900年），八国联军入侵北京。慈禧太后率光绪皇帝和王公大臣出逃，第二年回京途中在保定暂住。当时，慈禧太后的临时寝宫中，被褥铺陈洁净华美，但是光绪皇帝连铺盖都没有。时值隆冬季节，光绪皇帝冷得无法入睡，只好在孤灯前独坐。李莲英查夜时看到这种情况，赶紧把自己的被褥抱过来给光绪皇帝使

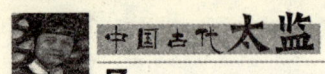

用。光绪回到北京后，回忆西逃的苦楚时，曾感动地说："若无李谙达，我活不到今天。"

李莲英结交的另外一位新主人便是隆裕皇后。光绪三十四年（1908年），光绪皇帝重病时，隆裕皇后很想探视丈夫，又害怕慈禧太后刁难。李莲英为自己今后的利益考虑，便主动包揽责任，给了隆裕皇后与光绪诀别的机会。通过这件事，隆裕皇后改变了对李莲英的看法。

慈禧太后死后，李莲英被解除了内廷大总管的职务。1909年2月2日，李莲英办完光绪皇帝和慈禧太后的丧事后，离开了生活五十多年的皇宫。隆裕太后准其"原品休致"，即带每月60两白银原薪退休。摄政王载沣看中了李莲英的财产，想乘机占为己有，由于隆裕太后的庇护，才最终罢休。

宣统三年（1911年）二月，李莲英寿终正寝，终年64岁。他死后留下的大批财产归隆裕太后所有，用来购置珍贵的西洋器具。李莲英葬于北京阜成门外恩济庄太监墓地，坟墓修得非常豪华，但在"文化大革命"时被毁，现在只有李莲英墓志铭拓片被保留下来。

知识链接

宦官杀宦官

后赵是羯族石勒兴建。333年，石勒病死，石虎杀石勒子石弘，自立为帝。石虎是历史上有名的暴君，特别贪好女色。

好色之君必用宦官。石虎把国政交给太子石宣和次子石韬。但这两个劣子喜好酗饮，不愿理事，就把政事交给宦官申扁。申扁权倾一时，官吏

第二章 十恶不赦，恶贯满盈——历史上的奸宦

的升降和生杀由申扁决定。九卿以下都望尘而拜。不过，史书对申扁的事情记载得不多，我们难详其情。

石虎喜欢次子石韬，欲立之。又见太子石宣已长大，犹豫不决。石宣闻知，先下手杀了石韬。石虎得知，捉了石宣，派石韬生前最宠信的宦官郝稚、刘霜去处死石宣。宦官们采用了非人手段对待石宣，拔了石宣的头发，割了石宣的舌头，用绳子贯穿石宣的颔部，砍断了石宣的手足，挖了石宣的眼睛和肠子，最后用火把石宣烧死。宦官们又杀了石宣所宠信的五十多名宦官，车裂节解，抛尸于水中。

这次宦官大杀宦官，规模之大，手段之残忍，在历史上是不多见的。

清正廉明，身残志坚——历史上的贤宦

宦官之所以名声不好，其中的一个主要原因就是他们当中出现了诸如赵高、仇士良、童贯、刘瑾、魏忠贤之流的奸佞恶人。同时还应看到，在宦官这个群体中也有有德有才，为国为民做出过贡献的人物，譬如，为中华文化事业作出重大贡献的蔡伦，为中外友好往来作出贡献的郑和，为改革而献身的寇连材，等等。

第一节
忠贞为国、直言敢谏的太监

慧眼识人，推荐贤才——景监与缪贤

战国时期，秦、楚、齐、燕、韩、赵、魏七国争雄。秦国商鞅变法和赵国蔺相如完璧归赵的故事流传至今。期间，宦官景监、缪贤慧眼识人，推荐贤才，功不可没。

1. 景监荐商鞅

公元前361年，嬴渠梁当了秦国国君，就是秦孝公。秦孝公为了富国强兵，下令求贤。卫国人卫鞅得知后便来到了秦都咸阳（今陕西咸阳）。卫鞅姓公孙名鞅，后来受封于商（今陕西商州），故通称商鞅。

商鞅博学多识，满腹经纶，思想倾向于法家，具有改革意识。他到了咸阳，人地生疏，空有抱负才能，却没有施展的机会。不久，他打听到秦孝公有个嬖臣宦官叫做景监，于是便登门拜访，毛遂自荐，请求景监引他去见秦孝公。景监虽是宦官，但独具慧眼，一眼就看出商鞅绝非等闲之辈，于是爽快地把他推荐给国君。

秦孝公求贤心切，接连两次接见商鞅，但却只听其讲说帝道和王道。事后，秦孝公斥责景监推荐庸人。但景监坚信商鞅具有使秦国强盛起来的能力。

第三章 清正廉明，身残志坚——历史上的贤宦

所以，他再次冒死进言，说服秦孝公第三次接见商鞅。

鉴于景监的力谏，秦孝公第三次接见商鞅。这一次，商鞅慷慨陈词，大讲"霸道"，系统地阐述实行改革的强国方略和变法思想，充满真知灼见。秦孝公听完之后喜形于色，决心采纳商鞅的主张，实行变法，富国强兵。景监心里一块石头落了地。

此后，秦孝公任用商鞅为左庶长、大良造，全面主持变法。变法实行十年，使秦国率先完成由奴隶制向封建制的转变，"移风易俗，民以殷盛，国以富强，百姓乐用"，一跃成为当时最强盛的国家。

 2. 缪贤举相如

缪贤是赵惠文王的内侍，是宦官机构的首长。一个偶然的机会，他购得稀世珍宝和氏璧，乐得心花怒放。据说，和氏璧置于暗处，自然有光，能却尘埃，能辟邪魅；若置于座间，冬日温暖，夏日凉爽，百步之内，蝇蚋不入。缪贤从此对和氏璧珍爱有加。

不久赵惠文王得知此事，便向缪贤索要和氏璧，缪贤却不忍献出。赵惠文王勃然大怒，闯进缪贤府第，夺走和氏璧。缪贤惶恐不安，以为肯定获罪当诛。此时，舍人蔺相如献策说："主人实际上并无大罪，如今赵王已经得了和氏璧，主人若能袒露上身，负荆请罪，我想赵王必不致再加罪于主人。"

缪贤觉得蔺相如所言有理，便放弃了逃跑的念头，并按照蔺相如所说的去做。赵惠文王因是夺人所爱，又见缪贤前来请罪，于是赦免缪贤，宠信如初。缪贤因此非常器重蔺相如，相信他别有胆识，堪当大任，待以上客之礼。

公元前383年，秦昭王得知和氏璧在赵惠文王手中，垂涎三尺，意欲得之。于是假意致书赵惠文王，谎称愿用十五座城池换取和氏璧。赵惠文王知晓其中有诈，非常为难。因为当时秦强赵弱，给与不给，秦国说了算。他思索再三，决定派一名智勇双全的人持璧出使秦国，相机行事。这时，缪贤毅然推荐了蔺相如。于是赵惠文王命蔺相如为赵国使臣，携带和氏璧出使秦国。

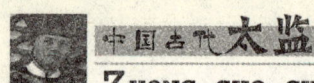

其后便是完璧归赵的故事，蔺相如面对贪婪无信的秦昭王，巧妙地与之周旋，坚定地维护了赵国的利益。蔺相如后来在渑池（今河南渑池西）会上再斗秦昭王，维护了赵国和赵惠文王的尊严，升任上卿（宰相）。接着礼让名将廉颇，表现了顾全大局、以国家利益为重的高风亮节。

知识链接

忠勇太监寺人费

寺人费是齐襄公时期的一位宦官，他以忠心而著称。有一次，齐襄公出猎时不小心坠落于车下，脚受了伤，鞋子也掉了。寺人费奉命去找鞋，但没有找到，结果遭到齐襄公的鞭责。当时，齐国贵族公孙无知阴谋篡夺齐襄公的王位，正欲发动兵变，便企图利用寺人费的怨恨情绪，秘密与他联络，想劝他共同参与变乱。寺人费表面上支持公孙无知。迷惑了公孙无知之后，他偷偷跑回王宫，把齐襄公藏了起来，想使齐襄公免遭劫难。但由于势单力薄，齐襄公最终还是被叛军杀害，寺人费也在抵抗叛军时英勇战死。

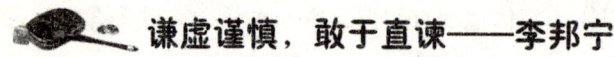

谦虚谨慎，敢于直谏——李邦宁

李邦宁侍奉四朝君主，卓有功绩，一生荣耀，不失为一个贤明的宦官。

1. 机敏好学，谨守规制

李邦宁，字叔固，浙江钱塘人，南宋时在内廷担任小黄门。到了宋朝灭

第三章 清正廉明，身残志坚——历史上的贤宦

亡，便随瀛国公见元世祖，留在内廷供职。他为人机敏，很合皇帝意愿。皇帝令他学蒙古语及诸蕃语，很快通晓理解，于是更得到信任，授御学库提点，升官至章佩少监，迁礼部尚书，提点太医生事。

元世祖有一次生病，李邦宁不离左右，服侍长达十余月。武宗即位后，准备任命李邦宁为江浙行省

元世祖

平章政事，李邦宁极力推辞说："臣以阉腐余命，无望更生；先朝幸赦而用之，使得承乏中涓，高爵厚禄，荣宠过甚。陛下复欲置臣书辅，臣何敢当。宰辅者，佐天子共沾天下者也，奈何辱以寺人。陛下纵不臣惜，如天下后世何，臣诚不敢奉诏。"皇帝听了很高兴，使大臣把他的话说给太后及皇太子听，以表他一片忠心与善意。

2. 直言敢谏，忠心可鉴

李邦宁时常用世祖的故事劝勉武宗要节俭。一天，武宗在大安阁举行宴饮，阁中放有一个旧箱子。武宗问是什么箱子，李邦宁回答是放裘带的，世祖有训"藏此以遗子孙，使见吾朴俭，可为华侈之戒"。武宗看了裘带，感叹良久。有个宗王在一旁不以为然地说："世祖虽神圣，然啬于财。"李邦宁却说："且天下所入虽富，苟用不节，必致匮乏。自先朝以来。岁赋已不足用。又数会宗藩，资费无算，旦暮不给，必将横敛掊怨，岂美事耶！"武宗嘉许其言。

过去祭祀太庙，皇帝不是亲自主持，而是遣大臣代为进行。可是，皇帝又想援例照办。邦宁便规劝皇帝说："先朝皇帝不是不想亲自祭祀祖先，实在是因疾病而废礼，如今皇帝在即位之初，正应大规模地表彰孝道，以为天下表率，亲自到太庙去祭祀，以成一代的典范。如果循习过去的皇帝不亲临祭

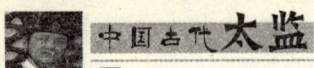

典的弊病，为臣的不敢苟同。"皇帝认为他说得好，即日便备车，住宿斋宫，并命邦宁为大礼使。礼毕，加恩于邦宁三代。

李邦宁曾经干政。武宗的弟弟为皇储，准备兄终弟及。李邦宁却按照汉人的制度，要武宗改为"父作子述"，废掉弟绍兄业。武宗没有听从。

武宗的弟弟即位，是为仁宗。有人劝仁宗杀掉李邦宁。仁宗不仅不计较李邦宁过去的谏语，而且赏赐给他一千锭钞，加封邦宁为集贤院大学士。

知识链接

忠言进谏的管苏

管苏是楚恭王时期的一位宦官，也是先秦时期口碑较好的宦官之一。他性格耿直，经常违背楚恭王的意愿而忠言进谏，对楚国政治多有建树。楚恭王晚年对此深有感触，认为管苏的进谏虽然使自己不愉快，但对国政大有好处。因此，楚恭王在临终前，嘱咐大臣们说："管苏犯我以义，违我以礼，与处不安，不见不思，然而有得焉。吾死之后，爵之于朝。"楚恭王死后，执政的令尹遵其遗嘱，拜管苏为"上卿"，管苏因此在历史上留下了好的名声。

辽阔海洋写史诗——郑和

郑和（1371～1433年），原名马三保。出身云南咸阳世家，明朝伟大的航海家。洪武十三年（1381年）冬，明军进攻云南。11岁的马三保被掳入明

第三章 清正廉明，身残志坚——历史上的贤宦

营，受宫成为太监，后进入朱棣的燕王府。在靖难之变中，在河北郑州（今河北任丘北）为朱棣立下战功。永乐二年（1404年）明成祖朱棣认为马姓不能登三宝殿，因此在南京御书"郑"字赐马三保郑姓，改名为和，任为内官监太监，官至四品，地位仅次于司礼监。1405—1433年，郑和七下西洋，完成了人类历史上伟大的壮举。宣德六年（1431年）钦封郑和为三宝太监。

 1. 学识渊博，出任正使

郑和知识丰富，熟悉西洋各国的历史、地理、文化、宗教，具有卓越的外交才能。郑和在下西洋前，曾出使暹罗、日本，有进行外交活动的经验。特别是永乐二年出使日本，通过郑和的外交活动，使得日本国主动出兵清剿在中国沿海的倭寇，并与中国正式建立外交关系，签订贸易条约。这些外交成果使朱棣皇帝十分满意，并为下西洋解除了后顾之忧。正是由于郑和具有卓越的外交才能，才促使朱棣皇帝把下西洋重任交托给郑和。在下西洋途中，郑和不辞辛劳，往返于西洋各国之间，妥善处理各种外交事务，解决了一系

新刻全像三宝太监西洋记通俗演义，版画

列棘手问题，化解了矛盾，稳定了国际关系，提高了中国的威信。这充分证明了郑和娴熟的外交手腕和卓越的外交才能。

另外，郑和具有一定的航海、造船知识。郑和从小就从其父亲那里学到有关航海的知识，熟悉海洋，向往航海。在郑和担任内宫监太监时，营造宫殿，监造船舶，有造船经验。在下西洋前，郑和进行了两次较远距离的海上航行，增加了航海知识，积累了航海经验，为下西洋远航打下了基础。在下西洋途中，郑和通过航海实践，不断地丰富航海知识，积累航海经验，提高航海技术，使他能率领船队，圆满地完成下西洋远航任务。而且郑和身份特殊，熟悉回教地区习俗。郑和下西洋途经的国家、地方，无论信仰、风俗是什么，他都凭菩萨戒之善巧方便，出色地完成远航任务。

2. 七下西洋，开创先河

永乐三年（1405年）六月，郑和以钦差总兵太监、正使太监身份，与副使王景弘、侯显等，率领一支由六十多艘舰船、二万七千多人组成的庞大船队，从太仓刘家港（今江苏浏河入长江处）出发，沿着长江，驶入东海，转而向南，穿越今台湾海峡，进入南海，开始了首次出使的远航。船队整齐，帆樯如林，实行军事化管理，通过旗语互相联络，进退停泊，号令严明。郑和首次出使，历时两年多。其后又六次出使，出发的时间依次为：永乐六年（1408年）九月、十年（1412年）十一月、十四年（1416年）冬、十九年（1421年）春，宣德五年（1430年）六月。从首次出使出发，到末次出使归来，共28年。郑和把后半生的年华和精力，全部献给了他所钟爱的外交与航海事业。

郑和出使西洋所到的国家，《明史》开列了一长串名单：占城、爪哇、真腊、旧港、暹罗、古里、满剌加、渤泥、苏门答腊、阿鲁、柯枝、大葛兰、小葛兰、西洋琐里、琐里、加异勒、阿拨把丹、南巫里、甘把里、锡兰山、喃渤利、彭亨、急兰丹、忽谟谟斯、比剌、溜山、孙剌、木骨都束、麻林、剌撒、

第三章 清正廉明,身残志坚——历史上的贤宦

郑和仿古宝船

祖法儿、沙里湾泥、竹步、榜葛剌、天方、黎伐、那孤儿,"凡三十余国"。这些国家,涉及今越南、柬埔寨、泰国、马来西亚、菲律宾、印度尼西亚、文莱、印度、斯里兰卡、孟加拉、伊朗、也门、沙特阿拉伯,以及非洲东岸的索马里等,覆盖了东南亚、南亚、西南亚、阿拉伯和非洲东岸的广大区域。

郑和出使西洋,贸易活动是一项重要内容,输出的物品有:销金纶丝、湖丝、刺绣、绸缎、雨伞、瓷器、陶器、漆器、铜器、金银器、铁器、麝香、烧珠、樟脑、书籍、纸墨、笔砚、橘、米、谷、豆、琉璃瓦等;输入的物品有:明珠、金珀、象牙、珊瑚树、玛瑙珠、水晶等珍宝,麒麟、驼鸡、狮子、金钱豹、马哈兽等动物,犀角、羚羊角、阿魏、没药、丁香、芦荟、乳香、血竭等药物,龙涎香、降真香、紫檀香等香料,糖霜、胡椒、香盐等调味品,西洋布、苹布、白苹布、姜黄布等纺织品,香木、沉香木、紫檀木、五谷树、娑罗树等珍贵木料。贸易交往大多是以物易物,有的也用金银或铜钱结算,讲究诚信,互惠互利。

郑和七下西洋,行程10万余里,前后28年,经历30余国,其规模之大、航程之远,当时在世界上都是空前的,比哥伦布航行美洲还早87年,是人类

征服海洋的空前壮举。郑和远航,大大促进了中国同亚非各国的政治、经济、文化交流,增进了同各国人民的友谊。随行人员马欢著的《瀛涯胜览》、费信著的《星槎胜览》、巩珍著的《西洋番国考》,记述了所经亚非各国的山川地理、气候环境、风土人情,给世界航海史、中外关系史留下了重要的文献。郑和每次航行,都会纪录沿途各国的位置、航程的远近、航行的方向、停泊的港口以及航道上的浅滩、暗礁,并绘出航海地图。这是中国最早的一份远洋航海图,为后世东西方之间的海上交通提供了宝贵的资料。

蚍蜉撼树的郑众

郑众,生卒不详,东汉时宦官。

汉章帝时,郑众以小黄门迁中常侍。汉和帝时加位钩盾令(皇家花园管理员)。郑众不依附外戚,一心忠于王室,因此得到了和帝的宠信。

元和三年(公元91年),窦宪大破匈奴后,权倾朝野,遂阴图篡弑。和帝得知窦宪阴谋,与郑众合谋诛杀了窦宪。郑众运筹帷幄,利用皇权,依靠禁军,凭"蚍蜉"之力,硬是撼倒了"大树",勇气和智慧兼备。整个行动环环相扣,步步紧逼,根本不给窦宪以片刻喘息的机会,终于取得成功。郑众因此声名大振,升任大长秋,管理皇宫大小事务。同时,他仍是汉和帝的近侍,汉和帝有事,必与郑众商量。

元兴元年(105年),汉和帝驾崩。邓太后为了达到亲自执掌朝政的目的,废和帝长子刘胜,立生下仅百天的婴儿为帝,即汉殇帝刘隆。邓皇后

第三章 清正廉明，身残志坚——历史上的贤宦

被尊为皇太后，临朝亲政。

邓太后从窦氏的失败中吸取了一些教训，在政治上同时并用外戚和宦官。她一方面重用自己亲戚邓骘、邓悝、邓弘、邓阊等人，另一方面也对郑众等一批宦官加封食邑。

永初元年（107 年），司空周章因为不满宦官郑众和蔡伦干预朝政，不满汉殇帝刘隆驾崩后邓太后又立安帝刘祜，而欲发动政变，另立刘胜为皇帝。但事机不密，周章自杀。

元初元年，郑众死去。

忠贞善谏，严于利己——张承业

张承业（846—922 年），唐末五代间宦官。同州（今陕西省大荔县东南）人。字继元，原姓康。

1. 临危受命，尽心辅弼

张承业原为唐僖宗时宦官。唐昭宗时曾出使后晋，为河东监军，执法严明，晋王李克用十分器重他。唐亡后仕晋，仍为监军。

晋王李克用病危之际，命养子李存勖（即后来的后唐庄宗）继承晋王之位，并嘱托张承业尽心辅弼嗣主。李存勖即位不久，其叔李克宁企图篡位。张承业认为必须大义灭亲才可以稳定国家，阻止内乱。李存勖从其议，王位得以巩固。李存勖曾提出，应乘后梁军队轻视晋王新立而松懈之际，出击梁军，以建立功威。张承业对此大加赞成和支持。于是进军潞州，在夹寨大败

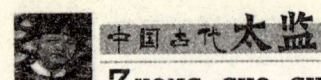

梁军。晋强梁弱的形势，由此初步形成。

　　李存勖对待张承业情同手足，每逢年节时，都会祭拜其母亲。李存勖在魏州和梁在黄河打仗多年，军国大事都委托给张承业去办理，张承业亦尽职尽责。并帮助李存勖储存钱粮、收集购买兵器马匹、督促农民积极从事农业生产等，功不可没。

　　虽然李存勖称得上是五代时期一位叱咤风云的名将，但在政治上却无深谋远虑。他在军事上圆满完成父王临终前嘱他灭刘仁恭、败朱温、给契丹以沉重打击的三大遗愿之后，便开始得意忘形，他周围一批阿谀奉迎之徒也乘机投其所好，劝其称帝。张承业得知后，拖着病体从太原坐轿子到魏州，劝皇帝三思。但李存勖以众将领的意愿为理由拒不听劝。无奈，张承业又道："梁是唐和晋的仇人，如果王能够为天下的人除掉这个大恶，报了列圣的深仇，然后求唐朝的后裔立您为帝，这样得来的帝王之位没人再敢与您争。"张承业的言论，表现了他对当时政局的清醒认识，规划出了一套天下归一的富有远见的战略部署。但是已被胜利冲昏头脑的李存勖完全听不进去。张承业知道不能谏阻，不久忧郁绝食而死，享年 77 岁。而以后的事态发展果如张承业所言，李存勖于 923 年称帝，到 926 年死于乱兵之中，为时不过三年就内外叛离，身死族灭。

 2. 严于律己，知人善任

　　李承业虽是李克用托孤的重臣，但并不以先臣自居，而是尽心佐助李存勖，办事公道，果断行事。从贞简太后、韩德妃、伊淑妃直到在晋阳的各位公子，都会受到法律的约束，权贵们也都因为害怕张承业而收敛自己。

　　张承业不但严于律己，对家人也相当严格。一个侄子在任磁州副使时，错杀了一位河西卖羊客。这对于大权在握的张承业的亲侄，算是小事一桩，但承业毫不迁就，立即将其侄逮捕处死。李存勖每年从魏州回来探亲，需要花费大量钱财，但是张承业是负责管库藏的，他从来不私自动用国库的钱财，

第三章 清正廉明，身残志坚——历史上的贤宦

也限制李存勖的开销。

张承业善于知人善任。冯道归顺晋王后，张承业慧眼识英雄，将他推荐给晋王，后来冯道成为了后唐的宰相。卢质武艺高强，作战勇猛，但性格张狂，不讨李存勖的喜欢。张承业为防李存勖加害于他，便借机向李存勖进言多多包容此等良才。此后卢质虽有轻傲放纵之举，晋王都能容忍，这全是承业之功。史言张承业不唯能足兵，且能保护士人君子。

作为我国封建社会纷乱时期的良宦，张承业尽心竭虑地辅佐嗣主成就霸业。他在军事与国家政事上励精图治，尽心不懈。他审时度势，选贤举能，改革吏治，劝课农桑，蓄积金谷，收市兵马，征租行法，不宽贵戚，不仅军城清肃，馈响不乏，而且与梁末相较，百姓负担减轻。他不仅为晋王霸业之成，为后唐的建立奠定了基础，而且在一定程度上推动了社会的发展。在个人品德上，他的敢于直谏、严于律己的诸多方面都是值得称颂的。

耿直力谏，廉洁不贪——怀恩

明代太监的危害堪称历史之最，比如魏忠贤。但也有好的，《明史》说有三个，第一名就是怀恩。

1. 忠诚正直，勇救大臣

怀恩是苏州府人，本来姓戴，宣德中入宫后，才赐姓怀。另说高密（今属山东）人。宣德初年，其族兄兵部侍郎戴纶被杀，其父戴希文时为太仆卿，受株连被籍没。他以幼童入宫，被阉割为宦官，赐名怀恩。由于任事恭谨，成化时提升为司礼监掌印太监。当时汪直掌管西厂，梁芳、韦兴等亦很得宠，但怀恩的资格老，排名在前，性情忠诚正直，廉洁不贪，在太监中威信很高，其他的太监对他都很敬畏。

成化三年（1467年），户部尚书马昂等清理京营，礼部尚书奏称必得内

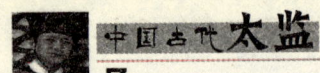

臣共事，始可铲除宿弊，并力荐怀恩担当此任，得到允准。四年（1468年），讨满四时，又与太监黄赐、兵部尚书白圭等参与商议军事。

怀恩又敢于保护朝中正直的大臣，有个叫阿九的宦官，其兄担任京卫经历时，因犯了罪，被刘大夏笞打责罚。阿九向宪宗诬告，捕刘大夏进诏狱，全靠怀恩力救，才得释出。

员外郎林俊弹劾梁芳及僧继晓，被逮下诏狱，宪宗想处死林俊。怀恩冒死劝谏。明宪宗大怒，拿起砚台打他，骂道："你想帮着林俊污蔑我吗？"怀恩摘下官帽，趴在地上大哭。明宪宗很不耐烦地说："哭什么，滚出去！"

出来后，怀恩立即派人，找到负责审理林俊案子的镇抚司领导，提醒说："你们要认清形势，不要讨好梁芳，陷害林俊。一旦林俊这样忠直的人死了，谁来保护你们？"然后回家，向皇帝请病假，不上班了。

明宪宗消了气之后，派宫廷太医去探望怀恩。被释放的林俊，后来担任过右副都御史、江西四川巡抚、工部尚书、刑部尚书。

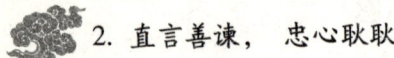

2. 直言善谏，忠心耿耿

时梁芳与僧继晓、李孜省等互相勾结，狼狈为奸，取中旨授千人以传奉官，有白衣骤至太常卿者。刚好遇上星变，诏撤诸传奉官，时御马监王敏请留马房传奉，已经由皇帝允准，怀恩仍痛骂王敏一顿。有个叫章瑾的进贡宝石，求为锦衣卫镇抚，怀恩坚决反对，拒绝传旨，说："镇抚掌管诏狱之事，怎么能够以贿用人！"并让兵部尚书余子俊等在外廷谏止，但余子俊不敢。怀恩叹息道："我早就知道现在当官的没人坚持正义了。"

成化十四年（1478年），辽东巡抚陈钺以掩杀冒功激变兵士，权宦汪直欲自己前往平定以邀功。宪宗命怀恩等七人到内阁会兵部商议。怀恩知汪直前往必然生事，遂提出派大臣前往，以阻止汪直，迅速得到马文升响应，怀恩即入奏，派马文升前往宣玺书抚慰，避免了发生事故。汪直主持西厂之为患，亦因怀恩能据实奏闻大学士商辂等的意见，才得停罢。成化十七年（1481

第三章 清正廉明，身残志坚——历史上的贤宦

年），还奉旨同法司录囚，开每五年遣内臣审录之例。

怀恩还有过人之胆识，不迷信怪异。据《明史·五行志》载，成化十二年（1476年），京师天变，"有物金睛脩尾，状如犬狸，负黑气入窗，直抵密室，至则人昏迷"，以致遍城惊扰。一天，宪宗上朝，奉天门侍卫见怪物而哗，连皇帝都要逃跑了，怀恩却能镇静地护持皇帝。

明宪宗末年，因为过分宠信万贵妃，想废了太子朱祐樘，怀恩拼死反对，保住了太子。明宪宗大怒，把他赶到安徽凤阳，去给朱元璋守祖坟去了。

明孝宗朱祐樘继位后，召回怀恩，仍然担任司礼太监。怀恩极力劝说明孝宗废逐奸臣万安，重用重臣王恕。一时之间，朝廷正人君子汇集，史称"恩之力也"，全依赖怀恩的努力。明孝宗时被誉为"弘治中兴"，怀恩是做出了贡献的。

没过多久，这位忠直、公正、廉洁、懂事理、通典故、勤奋供职终生的老太监，终因积劳成疾而去世。他死后，孝宗赐祭葬。为了表彰他的功德，孝宗于弘治元年特旨为他修造显忠祠，并亲赐祠额。

怀恩的确是个任事恭谨，廉洁不贪，性情耿直的人，对朝中的正直大臣，怀恩总是全力保护，哪怕头破血流也在所不惜，是大明王朝难得的好太监。

 知识链接

直谏的秘书郎赵整

前秦是氐族苻健所建。苻健死后，苻坚杀苻健子苻生自立为秦帝。苻坚是个比较贤明的君主，他以宦官赵整为秘书郎，侍奉于左右。

赵整博闻强识，文笔好，能直言。他多次上书，面谏苻坚，前后有五

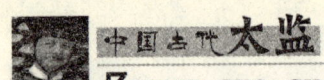

十多件事。

当时,有人预测在甲申、乙酉岁,将发生"鱼羊食人"。按术士的说法,鱼、羊合成"鲜"字,即鲜卑。赵整坚持请求防范鲜卑,苻坚不听。

后来,鲜卑慕容果然在甲申、乙酉岁攻打前秦。

又有一天,苻坚与慕容垂的段夫人同辇游于后庭,赵整认为这样做有违纲常伦理,就在一旁唱道:"不见雀来入燕室,但见浮云蔽白日。"苻坚听罢,知失礼,赶紧命段夫人下车。

爱国忧民,舍身死谏——寇连材

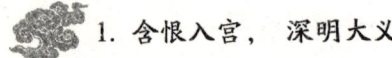

提起太监,人们就痛恨、咒骂奴才魏忠贤、李莲英之流。然而有的太监,人们却怀念、敬佩之至,这就是被梁启超誉为"烈宦"的寇连材。

1. 含恨入宫,深明大义

寇连材(1868—1896年),名成元,直隶昌平州(今北京市昌平区)南七家庄人。清光绪年间太监。其父寇士通,为田界与财主打官司,结果丢了家里赖以糊口的土地。父亲悲愤难言,含恨死去。为父报仇,他毅然来到北京,结果走投无路,后经人介绍,拜一太监为师。"净身"后,进宫给慈禧太后梳头。由于他聪明能干,做事精细谨慎,颇得慈禧喜爱,待遇十分优厚。

当时,光绪是被慈禧架空的皇帝,成了名副其实的傀儡。慈禧对寇连材十分信任,便派他去监视光绪的言论行动,以便即时禀报。寇连材从小就有正义感,对慈禧大权独揽、卖国求荣的可耻行为很不满意,同情光绪的不幸

第三章 清正廉明，身残志坚——历史上的贤宦

清末宫廷旧照

处境，支持光绪希望维新变法、图强求富、救民于火的想法。从表面上看，寇连材的任务是"侍候皇上"，其实是慈禧派去监视光绪的。谁知深明大义、忧国忧民的寇连材竟然将慈禧的所作所为告诉了光绪皇帝。

以慈禧为首的顽固保守派却不肯刷新政治，一味搜刮和向外国举债，以交付赔款来供个人享乐，置国家与人民于水火之中。

一年后，寇连材又回到慈禧会计房，不久改派为司房太监。目睹宫中的种种黑暗与慈禧的骄奢淫逸，寇连材愤愤不平，痛恨至极。寇连材一直忧患着民族的危亡，在强烈的爱国心的驱使下，他决定以死向慈禧进谏。

 2. 上书死谏，英勇就义

光绪二十二年（1896年）二月初十的早上，他跪在慈禧的床前流着泪说："国家已如此危险，老佛爷要为国分忧啊！"慈禧以为他在胡言乱语，一顿臭骂，将他赶了出去。口谏不成，寇连材下决心书谏。他请了5天假，回到家乡与亲人们诀别。回到宫里后，他把平时的积蓄部分给了小太监们。在2

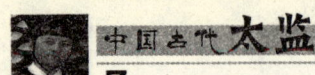

月15日，他把早已写好的奏折交给慈禧太后。这个奏折共有10条内容，其中包括：请太后不要揽政权，归政于光绪；不要修圆明园，幽禁光绪；要顾及京师特大水灾，立即停止擅自动用海军军费去修建颐和园；赎回被日本占领的台湾，宁可赔款，不可割地；不宜去掉忠直之臣而专用阿谀奉承之人；皇帝没有后嗣，请择天下之贤者立为皇太子等。这些内容，字字饱蘸血泪，条条切中时弊，充满忧国忧民之情。

慈禧没有想到寇连材会写出这样一个指责自己的折子，不禁怒火中烧，命人把寇连材抓来审问。审问后以"内监言事者斩"的朝例，加上"私通宫外，泄露宫内事"的罪名，下令把寇连材送交刑部，立即正法。

2月17日，寇连材被押到北京菜市口刑场处决。临刑前，他神色镇静，整好衣冠，朝宫殿拜了九拜，又向远方的父母叩了头，说："如此足以千古了！"然后从容赴义。围观的群众无不为寇连材爱国忧民、舍生就义的壮烈行为所感动。

寇连材为生活所迫，净身进宫，成为世人瞧不起的"阉竖"。他位卑不敢忘国忧，以坚不可摧的爱国忧民的意志，去抗争腐朽的封建势力，闪现出为国为民的人生亮点。

后人为纪念这位清宫史上绝无仅有的太监，纷纷集资在京西百花山上营造寇连材公祠。每逢寇连材的忌辰，人们都要前去祭奠。

知识链接

愚忠的赵思

384年，慕容垂自称燕帝，是为后燕。396年，慕容垂死，太子慕容宝即位，出现了一个愚忠的宦官赵思。

第三章 清正廉明，身残志坚——历史上的贤宦

慕容宝封叔叔慕容德为车骑将军，辅佐国政。不久，慕容宝畏惧拓跋氏（魏）的进攻，出奔至蓟，群臣劝促慕容德称尊号。于是，慕容德改元置官。慕容宝不知慕容德已僭位，派中黄门令赵思前去传令，慕容德扣住了赵思，留他在宫中委以重任，赵思不同意。赵思对慕容德说：过去，蜀国的关羽被曹操器重，而关羽想到先主刘备的嘱托，不愿意归属曹魏。我赵思虽是刑余之人，地位低贱，但我还是一个有情有义的人，怎么可能失去义节呢？请把我放回到慕容宝那里吧。然而，慕容德不听，激怒了赵思。赵思慷慨陈词，痛批慕容德，慕容德竟然杀了赵思。

可见，宦官可以作为朝廷派出的大员传达皇帝的诏令。赵思受儒学的愚忠思想影响很大，一臣不事二君，更不愿侍奉不合封建伦理道德的君主，表现出执著的忠义。赵思之死，实为愚忠之故。

第二节
有勇有谋、多才多艺的太监

忍辱负重，历史之父——司马迁

司马迁（前145或前135—?），字子长，西汉夏阳（今陕西韩城，一说山西河津）人，中国古代伟大的史学家、文学家、思想家，被后人尊为"史

圣"。他最大的贡献是创作了中国第一部纪传体通史——《史记》。《史记》记载了从上古传说中的黄帝时期，到汉武帝元狩元年，长达3000多年的历史。司马迁以其"究天人之际，通古今之变，成一家之言"的史识完成的史学巨著《史记》，是"二十五史"之首，被鲁迅誉为"史家之绝唱，无韵之离骚"。

可能有人会对司马迁的宦官身份产生怀疑，这里有必要解释一下：司马迁受了宫刑出狱后担任了中书令一职。中书令在汉武帝时期一律命是由宦官担任的，直到后来才逐渐改变。身体是太监身体，职务是太监职务，所以司马迁的太监身份是无可置疑的。

司马迁

 1. 史官世家，考察立传

司马迁生于史官世家，祖先自周代起就任王室太史令，掌管文史星卜。他的父亲司马谈在汉武帝即位后，任太史令达30年之久。司马谈博学广识，精通天文、《易》学和黄老之学。他天资聪颖，10岁就能诵读许多古文。司马迁从小受到良好的教育，20岁时，开始游历全国名山大川，足迹遍及江淮流域和中原地区，所到之处考察风俗，采集传说。"南游江、淮，上会稽，探禹穴，窥九疑，浮于沅、湘，北涉汶、泗，讲业齐、鲁之都，观孔子之遗风，乡射邹、峄，厄困鄱、薛、彭城，过梁楚以归。"源远流长的家学对他后来走上治学道路有深刻的影响。

10岁时，司马迁随父亲至京师长安，得向老博士伏生、大儒孔安国学习；

第三章 清正廉明，身残志坚——历史上的贤官

家学渊源既深，复从名师受业，启发诱导，受益匪浅。这个时候，正当汉王朝国势强大，经济繁荣，文化兴盛的时候，张骞奉使通西域，卫青、霍去病大破匈奴，汉武帝设立乐府……司马迁在京城的所见所闻，激发了他的学习兴趣和热情。

司马迁回到长安后，汉武帝对这个广闻博识的年轻人非常器重，命他为郎中，成为皇帝的近侍。此后，他随汉武帝到过平凉、崆峒，又奉命出使巴蜀，最南到了今天昆明一带。元封三年（前108年），司马迁继任父职为太史令，掌管天文历法及皇家图籍，使他有机会读遍皇家藏书处石室金柜收藏的文史经籍、诸子百家，以及各种档案史料。

太初元年（前104年），他以太史令身份与历官落下闳、天文学家唐都等二十多人，改革历法。经过大家的辛勤工作，终于在这年五月造成新历，这就是著名的"太初历"。这是当时世界上最先进的历法，也是中国历法史上的重大改革。新历法代替了由秦沿袭下来的"颛顼历"，适应了社会发展的需要。此后，司马迁秉父遗志，开始着手编写《太史公记》。

 2. 飞来横祸，忍受辱刑

天汉二年（前99年）夏天，汉武帝派将军李广利领兵讨伐匈奴，另派名将李广的孙子、别将李陵为随从。李陵率5000步兵深入大漠腹地，遭遇匈奴军主力。匈奴军以8万骑兵围攻李陵。汉军经过八昼夜的苦战，杀敌一万余人，但由于得不到后续部队支援，最终兵败被俘。

李陵兵败的消息传到长安后，汉武帝本希望他能以身殉国，但后来听说他投降了匈奴，龙颜大怒，丢了大汉的颜面，便把李陵全家下狱，这就是西汉历史上著名的"李陵事件"。朝廷官员大多是趋炎附势之徒，没有一人替李陵说句公道话，反而大骂李陵投降可耻，唯独太史令司马迁竭力为李陵辩护。司马迁的直言触怒了汉武帝，于是下令将司马迁打入大牢，不久便判为死罪。

按照当时的法律，被判处死刑的官吏想要活命有两条途径：一是出钱赎

罪；二是接受宫刑，入宫为奴。司马迁并非殷富子弟，无奈之下只有选择宫刑。宫刑是个大辱，污及先人，见笑亲友。司马迁在狱中，又备受凌辱，"交手足，受木索，暴肌肤，受榜箠，幽于圜墙之中，当此之时，见狱吏则头抢地，视徒隶则心惕息"（司马迁《报任安书》），几乎断送了性命。

3. 忍辱负重，成就伟业

太始元年（前96年）汉武帝改元大赦天下。这时司马迁50岁，出狱后还当了中书令，在别人看来，也许是"尊宠任职"，但是，他还是专心致志整理志书。直到征和二年（前91年）全书完成，共得130篇，52万余言。

司马迁从元封三年（前108年）为太史令后开始阅读、整理史料，准备写作，到征和二年（前91年）完成全部写作计划，共经过16年。《史记》是他用一生的精力、艰苦的劳动，皓首穷经，并忍受了肉体上和精神上的巨大痛苦，用整个生命写成的一部永远闪耀着光辉的伟大著作。

《史记》原名《太史公书》，又称《太史公记》、《太史记》，至东汉末年才被称为《史记》。《史记》包括本纪十二、世家三十、列传七十、表十、书八，共五个部分，记载了从传说中的黄帝到汉武帝时期约三千年的中国历史。《史记》是中国史学史上第一部纪传体通史，开创了纪传体通史的先河，对后世史学影响深远。此外，《史记》语言生动、人物形象鲜明，也是非常优秀的文学作品。

《史记》对后世史学和文学的发展都产生了深远影响。郑樵称："六经之后，唯有此作。"赵翼《廿二史札记》说："司马迁参酌古今，发凡起例，创为全史，本纪以序帝王，世家以记侯国，十表以系时事，八书以详制度，列传以志人物，然后一代君臣政事贤否得失，总汇于一编之中。自此例一定，历代作史者，遂不能出其范围，信史家之极则也。"

第三章 清正廉明，身残志坚——历史上的贤宦

协律都尉，陪葬茂陵——李延年

李延年（？—前90年），西汉音乐家，中山人（今河北省定州市）。汉武帝宠妃李夫人的哥哥。

 1. 精通音律，因妹得宠

李延年原本因犯法而受到腐刑，负责饲养宫中的狗，后因精通音律，得武帝喜爱。一日为武帝献歌："北方有佳人，绝世而独立，一顾倾人城，再顾倾人国。宁不知倾城与倾国，佳人难再得。"按《汉书》说法，在李夫人得宠前，他的歌声便颇受武帝喜爱，而按《史记》的说法，李延年是李夫人得宠后才引起汉武帝注意的。李延年的妹妹入宫后，称李夫人。后因李夫人生下了昌邑王刘髆，李延年也得以被封"协律都尉"，负责管理皇宫的乐器，极得武帝宠幸。

大凡外戚，一旦得到皇帝宠信，多半会因宠而骄，热衷于揽权弄势。李延年一门心思放在协律都尉的职事上，尽力献身于他所钟爱的音乐事业。李延年不但善歌，且长于音乐创作，他的作曲水平很高，技法新颖高超，且思维活跃，他曾为司马相如等文人所写的诗词配曲，又善于将旧曲翻新。他利用张骞从西域带回的《摩诃兜勒》编为28首"鼓吹新声"，用来作为乐府仪仗之乐，是我国历史文献上最早明确标有作者姓名及乐曲曲名，用外来音乐进行加工创作的音乐家。他为汉武帝作《郊祀歌》19首，用于皇家祭祀乐舞。

李延年把乐府所搜集的大量民间乐歌进行加工整理，并编配新曲，使之广为流传，对当时民间乐舞的发展起了很大的推动作用。可以说，李延年对汉代音乐风格的形成及我国后来音乐的发展，做出了卓越的贡献。

2. 族灭身亡，陪葬茂陵

李延年毕生从事音乐事业，卓有成就。太初年间（前104—前101年），李夫人早卒，李家渐渐失宠，李延年的弟弟李季奸乱后宫，汉武帝下诏族李延年和李季兄弟宗族。

当时其兄李广利正在攻打大宛未归，未受李季牵连。但李广利第一次出征没有粮草无功而返，汉武帝令其不得入玉门关，第二年重整装备攻下大宛，太初四年归来后被武帝封为海西侯。征和三年（前90年），李广利出征匈奴前与丞相刘屈氂密谋推立刘髆为太子被人告发，汉武帝勃然大怒，腰斩刘屈氂，刘妻枭首于市，族尽李广利家族。李广利投降匈奴，后被杀。

就这样，李氏家族被灭族两次，无一幸存。

李延年死后，汉武帝命其陪葬茂陵（汉武帝陵寝，今陕西兴平东北）。陪葬茂陵，在当时是卫青、霍去病那样的功臣宿将才能享受到的巨大荣耀。李延年身为宦官，亦获此荣耀，他在汉武帝心目中的地位可见一斑。

知识链接

敢于直谏的宋珪

宋珪，本名乞奴，燕人，金朝太监，为内侍殿头。

宋珪敢于直谏。宣宗曾以元夕观灯，命宋珪监督准备工作，宋珪低声怨道："社稷弃之中都，南京作灯戏有何看耶。"宣宗听见了，命人打了他20棍。后来，宣宗又后悔了，下旨宣慰。哀宗时，有个农民捉走了宫中飞出的一只鹞，哀宗准备惩罚这个农民，宋珪谏道："贵畜贱人，岂可宣示四

第三章 清正廉明，身残志坚——历史上的贤宦

方。"哀宗听了很不高兴，命杖三，接着又后悔了，赐物慰问。

凡是在宫廷用事的宦官，都容易卷入政治斗争中。哀宗时，马军元帅蒲察官奴的势力迅速膨胀，宋珪受哀宗指使，暗杀了官奴及其同党阿里合、白进、习显等人。这一次内讧，削弱了金朝的军事实力。后来，蔡城被攻破，哀宗自缢，宋珪等从死。

富于才智，勇于革新——刘承规

刘承规（949~1012年），字大方，楚州山阳（今江苏淮安）人。自宋初当宦官，历事三朝，深得信任。他掌管内藏30年，对度量衡很有研究，为宋朝的权衡改制，做出了突出的贡献。

1. 廉洁奉公，筹划四方

宋太宗即位后，越级提拔刘承规为北作坊副使。此后曾多次奉命出使。太平兴国三年（978年），割据于福建泉州、漳州的陈洪进归顺宋朝，刘承规受命前往接受土地、户口，查点、封存府库资产，并指定专人管理。同年冬，仙游、莆田等地发生了土著聚众作乱，于是刘承规被派与知州乔维岳一道率兵讨伐。面对敌军强大的势力，刘承规坚持守城，直到福州援兵赶到，才把暴动平息下去。太平兴国四年（979年）秋，契丹进犯镇州（今河北省正定县），太宗派兵迎击，并命刘承规和内衣库使张绍勍等人领兵到定州（今河北定洲市）驻扎，以随时应援。此时，黄河在滑州（今河南省滑县）决堤。刘承规等又奉命治河，督士兵、丁夫堵塞决口，护卫河堤。

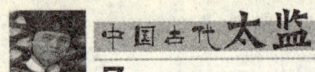

刘承规屡有劳绩，官至宣政使、应州观察使，又特置景福殿使让他担任，表示对他的优宠，后改任新州观察使。史称其精力充沛，廉洁奉公，好儒学，喜藏书，能考访事实，礼待士人。刘承规虽然是宦官，但其主要工作是参与军事、政治、经济、文化等多方面的活动，为皇帝倚重。

 2. 改制度量，身后荣宠

宋初承唐制，关于重量的单位命名和进位法，名目繁多，不便计算。再者，当时太府寺权衡式旧、轻重失准，外府官吏趁机作奸坑害百姓。鉴于此，淳化三年（992年）太宗下诏有司详定秤法，把这一重任交与司监内藏库、崇仪使刘承规。刘承规受命后对旧式权衡作了仔细调查，发现了问题之所在：太府寺旧铜式，自一钱至十斤，凡五十一，轻重无准，外府岁受黄金必自毫

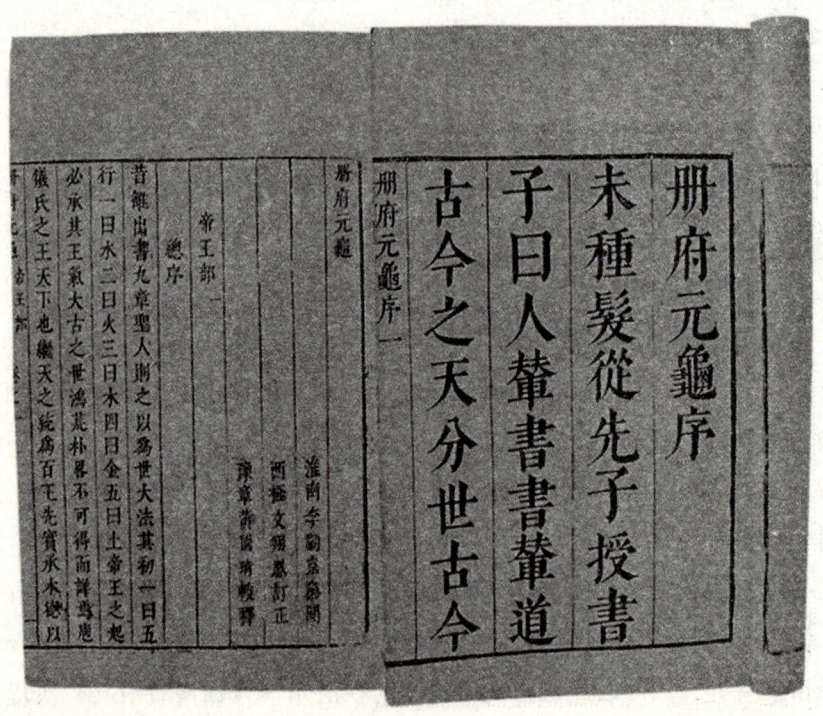

《册府元龟》书影内页

第三章 清正廉明，身残志坚——历史上的贤宦

厘计之，式自钱始，则伤于重。为此，他提出要"别制法物"，即要另外制订出适用于计量金银重量的新式秤。

为了实现权衡的改制，刘承规认真研究了以往的权衡法。他根据《汉志》有关记载，设计制造了两种新秤，即取《汉志》"子谷秬黍为则，广十黍以为寸，从其大乐之尺（指太府尺），就成二术，因度尺而求匣，自积黍而取象，以厘象造一钱半及一两等二秤"。刘承规所制造的二种秤，从秤上体现了权衡的新法。

景德二年（1005年），刘承规和李允则出使河间，慰劳将士，核实立功人员的情况。这一年，朝廷设官提举在京诸司库务，由刘承规担任，他所设立的部门，大都制订了制度。后来改任皇城使，和三司副使林特等人一起受命更定茶叶专卖法。宋代实行茶叶专卖制度，但出现了地方官吏各行其是、压低等级坑害茶农、不法商人茶叶走私等弊端。刘承规秉承旨意，针对弊端制定新法，以杜绝走私，加快流通，增加茶税收入。景德四年（1007年），三司上奏说新设的课税使国库收入有盈余。刘承规因功加领昭州团练使衔。后来，他将有关茶法进行汇编整理，成《茶法条贯》23册，呈上真宗。

大中祥符元年（1008年）前后，真宗尊崇所谓祥瑞"天书"，刘承规参与大兴祭祀，修筑宫观等工程。真宗在王钦若等人的鼓动下准备东封泰山，把刘承规由掌发运使升为昭宣使、长州防御使。接着，刘承规所督建的玉清昭应宫特别精美华丽，宫室稍有不合规格，哪怕是已经装饰得金碧辉煌，他都要拆掉重建，有关部门也不敢跟他计较工程的费用。次年祭祀汾阴，又让他担任督运。朝议认为从京城到河中地区，陆路山峦险阻，水路波涛汹涌，都不好走。刘承规决定采用水运，上百种的供奉物品，都能平安运抵。朝陵、东封以及祭祀汾阴，都是由他留守执掌大内。祭祀汾阴完事以后，他依例应该晋级，却上表章请求退休，真宗亲笔下诏勉励他，还作了一首七言诗赐给他，升他为宣政使、应州观察使。

刘承规虽是个阉人，但颇为好学，喜欢藏书，有时也结交文人考证过往的史实，那些在朝中有名气的人，都得到他的礼遇，有时还暗中加以推荐。因此，朱昂、杜镐编排馆阁的书籍，钱若水修撰祖宗实录，以后的大型类书《册府元龟》以及国史的编撰校对，都是由刘承规受命为典领官，以董理其事的，均取得了不小的成果。这些成绩之中，都凝聚着他的一份心血。

大中祥符六年（1013年），刘承规病逝，死后被赠为左骁卫上将军、镇江军节度使，赐谥为"忠肃"。大中祥符七年（1014年），玉清昭应宫建成，真宗又追赠刘承规为侍中，并遣中使诣坟祭告。当时，二圣殿塑像配飨功臣，真宗特诏塑刘承规像于宋太宗像之侧旁。在宋代宦官中，死后被加谥号的，刘承规是第一个。他的像被塑在宋太宗像的侧旁，被视为皇帝的功臣，同飨祭祀，这在宋代宦官中也是罕见的。

水利专家，人民福星——程昉

黄河是中华民族的摇篮，孕育了辉煌璀璨的中华文化和中华文明；同时黄河又是一条害河，经常决口泛滥，给两岸人民造成了巨大的灾难。数千年来，历朝历代有识之士关心并参加治理黄河的斗争，为兴利避害作出了不朽的贡献。他们当中，宋朝宦官程昉，毕生致力于治理黄河和其他河流，造福于国家和人民，世世代代受人景仰。

1. 治理黄河，声名大振

程昉，开封人，生卒不详。原是一个普通的小太监，宋英宗朝，受到重用，任西京左藏库副使。"藏库"即国家府库，用于收藏珍贵财富和各种物品。

程昉生在黄河边，深知黄河泛滥给百姓带来的种种灾难，于是立志治理黄河，变水害为水利。

第三章 清正廉明，身残志坚——历史上的贤宦

程昉认真学习水利知识和地理知识，研究黄河的历史，调查黄河的状况，逐渐成为小有名气的水利专家。宋神宗熙宁初年，黄河又一次决口，枣疆（今河北枣县）一带农田被毁，房屋倒塌，一片汪洋。百姓流离失所，逃亡他乡。

宋神宗接到灾报，一面派人赈灾，一面任命程昉为河北屯田都监，主持治理黄河，首要任务是堵住黄河决口。程昉赶赴灾区，实地勘察地形。他从大禹治水的成功实践得到启发，认为黄河沙多流急，治理只能用疏导的方法；而疏导的最佳方案，莫过于在黄河下游疏浚河道，以分水势。方案既定，立即付诸实施。程昉组织数万民工，开凿二股河的河道，引导黄河水向东流入大海，待水势减弱后，再用竹子、芦苇等编织篓筐，装填土石，堵塞决口。同时，沿着河堤内侧，栽上密集的木桩，遏制河水的冲刷力量。历经一个多月的苦战，黄河决口终于被堵住。灾区的洪水渐渐退去，大片农田恢复，逃亡的农民陆续回归家园。

程昉因此声名大振，升任宫苑副使，专修水利，成为当时人们公认的第一流水利专家。

 2. 任劳任怨，热心水利

程昉治水有功，不久又升任外都水监，再升任达州团练使、制置河北河防水利使。他对待自己的工作兢兢业业，任劳任怨。他先后主持治理过漳河，在洺州（今河北永年）建造了浮桥；治理过葫芦河，在沧州附近疏浚河道两百余里；治理过黄河第五埽（今河北大名东）、孟家口（今河南孟县）的决口，开凿乾宁河，引导沙河入御河……所建工程都使水害大大减轻，扩大了灌溉，便利了运输，为国家和人民做出了贡献。

程昉治理水利期间，正值宋神宗任用王安石，大张旗鼓地实行变法的时候。王安石变法的内容中也包括兴修水利。王安石非常欣赏程昉的治水才干，专门委以重任，让他负责全国的水利兴修事宜。程昉不负众望，先后主持开

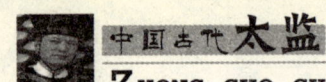

凿和治理共城河、沁河、滹沱河，均很顺利，从而用出色的业绩为王安石新法增添了光彩。

但是由于守旧派的诬陷，宋神宗信以为真，便下令王安石辞官，程昉贬职。程昉由此看到了世态炎凉，因而忧郁苦闷，最后怀恨而死。

程昉虽然死了，但他治河的业绩与成果却一直遗泽后世。

知识链接

知书达礼的潘守恒

潘守恒，金朝太监。他认为国政应当由朝臣做主。金章宗临死前，打算让叔父卫王继位，元妃和宦官李新喜议立卫王，派潘守恒前去召卫王入宫。潘守恒建议先召平章政事完颜匡商量，取得朝臣同意才策立卫王，以免产生矛盾。元妃听从了，使帝位得以平稳过渡。潘守恒还时常劝谏帝王以国事为重。他随哀宗因战乱外逃到归德，途中住在一个简陋的民宅中，守恒乘机对哀宗说："愿陛下还宫之日无忘此草庐中，更加俭素，以济大业。"哀宗听了此话，不胜凄楚，感叹良久。

造纸术的发明者——蔡伦

蔡伦（61~121年），字敬仲，东汉桂阳郡（湖南耒阳市）人。中国古代四大发明中造纸术的发明者。

第三章 清正廉明，身残志坚——历史上的贤宦

蔡伦墓祠蔡伦画像

 1. 宫廷内斗的政治牺牲品

　　历史上关于蔡伦生平的资料不多，人们对他的事迹知之甚少。在汉明帝末年，蔡伦便已经入宫，成为皇帝后妃身边的一名小侍从。蔡伦天资很高，入宫不久，便熟知宫廷礼仪并能识文断字，通识典籍。汉明帝死后，汉章帝继位，蔡伦由宫掖给事改任小黄门。小黄门是皇帝的近侍，负责引领大臣拜谒皇帝和伺候皇后等事，是一个十分繁忙的差使。蔡伦的这一次提升，得益于轰动一时的"宋贵人事件"。

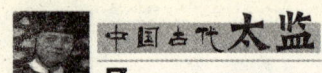

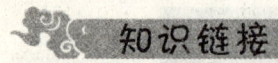

宋贵人事件

建初三年（78年），汉章帝册立故大司徒窦融的曾孙女为皇后。窦皇后进止有序，容貌出众，很得章帝欢心。但是，窦皇后一直没有生育，而后宫的宋贵人却生下皇子刘庆，并于建初四年（79年）被立为皇太子，这对窦皇后来说无疑是一个极大的威胁。于是窦皇后对宋贵人充满嫉恨。这年后宫的梁贵人也生下皇子刘肇，被窦皇后收为养子。窦皇后担心皇太子刘庆会继承皇位，于是千方百计想废掉皇太子。窦皇后买通宫中侍女，诬告宋贵人造作蛊毒，诅咒皇上，"挟邪媚道"。汉代人非常迷信，在宫廷中搞蛊术是大忌。章帝派蔡伦去调查，蔡伦根据窦皇后的意思向章帝做了报告。章帝一怒之下，于建初七年（82年），下诏废皇太子刘庆为清河孝王，另立刘肇为皇太子，并逼宋贵人上吊自杀。

宋贵人自杀后，窦皇后的地位巩固下来。蔡伦因此受到窦皇后的赏识，由一名普通的小宦官，升为小黄门。

蔡伦有着太监少有的刚直性格，在汉章帝时，他曾多次向皇帝直言纳谏，深受章帝的信赖。汉章帝临终前，将蔡伦升为中常侍，并让他辅佐继位的汉和帝刘肇。中常侍是太监中最高的官职，可以参与军政机密大事，位置非常重要。这一时期，蔡伦的仕途达到了顶峰。根据历史记载，蔡伦性格"敦慎"，为人处事非常谨慎。但他还是又一次卷入宫廷斗争的旋涡。

汉和帝于章和二年（88年）即皇帝位，尊窦皇后为皇太后。汉和帝当时

第三章 清正廉明，身残志坚——历史上的贤宦

还是一个10岁的孩子，由窦太后临朝听政，直接导致外戚势力急剧膨胀。窦太后的兄弟窦宪等人垄断朝政，窦氏集团气焰嚣张。蔡伦多次直言进谏，但由于窦太后百般庇护，窦氏兄弟不但未得到应有的惩罚，反而对蔡伦心生怨恨。随着汉和帝的逐渐长大，他不满自己的傀儡地位，决定从窦氏集团手中夺回自己的权力。由于窦太后专权，和帝无法直接接触到朝臣，他只能依靠身边的宦官。于是，中常侍郑众与蔡伦等宦官秘密协助和帝，一举铲除了窦氏兄弟。

此后，窦太后对蔡伦日益不满，决定将他调离权力中心。由于蔡伦对各种工艺制造感兴趣，窦太后于是顺水推舟，委任蔡伦为尚方令，让他负责监制宫廷御用品。蔡伦利用尚方令的有利条件，全身心地投入到自己喜欢的工艺事业之中，其中，伟大的造纸术就是在此期间发明的。

元兴元年，27岁的汉和帝英年早逝。出生才百天的刘隆继位，是为汉殇帝。第二年，年仅两岁的殇帝又不幸夭折。13岁的刘祜继位，是为汉安帝，由邓太后临朝听政。

邓太后是中国历史上一位较有作为的女人，她执政期间，宽政减刑，尊崇儒学，以"柔道"治天下，社会风气为之一变。邓太后非常欣赏蔡伦，封他为龙亭侯，邑300户，这在太监中是十分少见的。元初三年（116年），蔡伦再次被擢升为长乐太仆。为了表示宠爱，邓太后恩准蔡伦"骨肉还家"。所谓"骨肉还家"就是宦官把净身时被割去的阳具接回来，以便在死后与身体一起埋葬，这是宦官极大的荣誉。同时，邓太后还令蔡伦私查净身房。在净身房，蔡伦查出许多人合伙贪污的事实。被查者沆瀣一气，反咬一口，百般诬陷蔡伦。邓太后虽然心知肚明，但为了安抚众人，她只好忍痛割爱，让蔡伦离京回乡。

正当他权位处于顶峰之际，建光元年（121年）邓太后卒，安帝亲政。蔡伦因为当初受窦后指使参与迫害安帝皇祖母宋贵人致死、剥夺皇父刘庆的皇位继承权而被审讯查办。蔡伦自知死罪难免，于是自尽而亡。

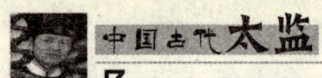

2. 改进造纸术，书写新篇章

蔡伦在历史上拥有崇高的地位，得益于他改进了造纸术。造纸术是中国古代四大发明之一，对世界文化的传播与发展，做出了巨大的贡献。

在蔡伦改进造纸术之前，从迄今为止的考古发现来看，造纸术的发明不晚于西汉初年。早在西汉，中国已发明用麻类植物纤维造纸。但当时的纸张粗糙厚重，不便书写，蔡伦逐渐萌发出寻找新的书写材料的想法。后来蔡伦的想法得到汉和帝与邓皇后的大力支持。于是蔡伦开动脑筋，反复钻研，在经历了无数次的实验与失败后，一个偶然的机会，他发现一种纸张既轻便又便宜，仔细研究发现它是用粗纤维制成。蔡伦瞬间获得了灵感，他制作了一些工具，如大石臼、大筛子、大石板等，开始了造纸的试验，后来又在树皮、麻头、破布、渔网等原料中加入石灰，做出的纸又白又细，可以任意折叠而不脆断，实验取得了成功。元兴元年（105年），蔡伦将自造的纸呈给汉和帝，和帝大加赞赏，蔡伦造纸术很快传开。人们把这种纸称为"蔡侯纸"。由于蔡伦对改革和推广造纸术有很大贡献，被认作世界上第一个发明纸的人。

"蔡侯纸"在我国各地流传开以后，陆续传到国外。经过一千多年的流传，蔡伦发明的造纸术被世界五大洲普遍接受，世界各国都分享着这项伟大发明的成果。因此，蔡伦被评为"世界历史上十大有影响的人"之一。

蔡伦一生在内廷为官，先后侍奉四个幼帝，投靠两个皇后，节节上升，身居列侯，位尊九卿，却以惨死告终。但他在兼管尚方时，推动了手工业工艺的发展，被称为东汉时期的科学家。因而留名后世，得到史学家的首肯。

第三章 清正廉明，身残志坚——历史上的贤宦

清介善谋，建筑奇才——阮安

阮安（？—1447年），交趾人（今越南北部地区）。永乐年间，永乐帝领兵占领交趾，阮安与范弘（仁宗时任司礼太监，英宗时死于土木之变）由交趾应选入宫，阉割充当太监。他主持完成了北京内城城池的最后建设，并且负责重建了三殿。除了负责城池营建外，阮安还参与过治理杨村河。

1. 营建北京城池宫殿

阮安性聪慧，有巧思，奉成祖之命，参加营建北京城池宫殿和百官官署。他主持完成了北京内城城池的最后建设，包括城门楼、月城、城濠、桥闸等。北京内城的建设大体经历了三个阶段，即洪武时徐达、华云龙对元大都的初步改造；永乐年间建都时的各项建设，主要是宫殿郊庙建设；最后为正统时建筑的完善阶段，而城池及各种辅助设施的完备和完成，是这一时期城市建设的重要内容之一，阮安在这个过程中发挥了不小的作用。

阮安是个出色的建筑师，他无需查阅资料，只凭实地观测和思考，所制订的建设方案就完全能达到各方面的要求，而主管建筑的工部官员只需奉行建造。

正统元年（1436年），明英宗决定完成城池建设，开始所选的人是蔡信，然而蔡信提出的建设方案耗资太大，所需工力众多，最后改由阮安负责修建京城九门城楼。在此之前北京的城墙上所开九门只有城门洞，没有瓮城、城楼等建筑，有的城门连官军值班所用的铺舍也没建。

阮安施工调度中，北京城九门是依次营建，其施工人员主要取自在京师训练的军卒，将其中的1万多人操练停止，增加其月粮，安排好班次，每人

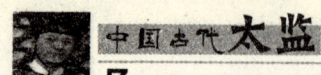

增加月粮一斗，盐每月一斤；建筑费用和材料不再另外佥派，只使用官府积存的，永乐时营建北京剩余了大量建筑材料，此次均被派上用场。

正统二年（1437年）正月，西直门和平则门（平则门不久改称阜成门）开始营建；第二年营建的是东直门、朝阳门、德胜门等，最后完成的是正阳门等，时间是正统四年（1439年）四月。

整个工程包括门楼、城濠、桥闸三部分，具体为：正阳门正楼一座，月城楼中左右各一座，崇文、宣武、朝阳、阜成、东直、西直、安定、德胜八门各正楼一座，月城楼一座。城墙四角各立角楼一座。所谓正楼就是城门楼，今日可见者如正阳门楼（前门楼）；月城楼就是俗称的箭楼，如幸存的德胜门的箭楼；角楼今日可见者只有内城东南角楼，在今北京东站附近。护城濠的整治包括河道疏浚、河岸的修整、砌筑。另外，九门外原来都是木桥，此次全部改为石桥，同时设置了九道水闸。

随着整个工程的完工，北京的面貌发生重大改变，当时的大学士杨荣、杨溥带领其他翰林学士"登正阳门之楼而纵览"，只见"高山长川之环固，平原广甸之衍迤，泰坛清庙之崇严，宫阙楼观之壮丽，官府居民之鳞次，廛市衢道之棋布，朝觐会同之麇至，车骑往来之坌集。絮然明云霞，瀹然含烟雾"。他们在观赏的同时，给予了阮安很高的评价。

阮安在随后的几年中，又先后主持了皇宫三大殿（奉天、华盖、谨身）的重建工程，通济河的疏浚工程，固安河河堤加固工程，北京城墙的包砖改造工程。其中，北京城墙的改造工程，开始于正统十年（1445年）六月，完工于正统十二年（1447年），这项工程不仅使城墙愈加坚固，更美化了其外观。

2. 水利工程师

除营建外，阮安还称得上是著名的水利工程师。通济河的疏浚工程，固安河河堤加固工程，杨村河的治理工程，阮安都亲自参与筹划过。

第三章 清正廉明，身残志坚——历史上的贤宦

阮安接受的最后一项工程，就是张秋河的治理，但他在前往张秋的途中去世，这已是景泰年间的事了。史称，他去世时"囊无十金"，即行李中的银子不足 10 两。对于一个主持过许多重大工程的太监来说，如此廉洁，实为少见！明代 200 多年京城建设中，工程管理者众多，而廉洁者少，许多人因为贪占被处罚。从这一对比中，可以推想阮安的为人，也可明白当时人为什么对他有那么多的赞誉之辞了。

火者

元朝在汉化和封建化的过程中，宫廷中也出现了宦官。宦官常常被称为火者。火者是波斯语 kh‑wajah 的音译，元朝的达官贵人不少叫火者，如成宗时的参知政事叫迷里火者。而火者在大多数情况下，或者在单独称呼时，多指宦官。他们的职责是在宫中做杂役。元末的张昱在《宫中词》中咏：

火者云：

徽仪殿里不通风，火者添香殿阁中。
榻上重重铺设好，君王今夜定移宫。
残却花间一局棋，为因宣唤赐春衣。
近前火者催何急，唯恐君王怪到迟。
从行火者笑相招，步辇相将过钓桥。
鹿顶殿开天乐动，西宫今日赛花朝。

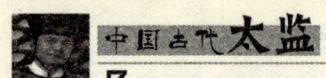

为什么称宦官为火者？也许是阉割过程中要用火为器具消毒，阉人在密室中用火取暖，所以称为火者。

火者一词至明清还在沿用，并且成为阉人的专称。

图片授权

全景网

壹图网

中华图片库

林静文化摄影部

敬　启

本书图片的编选，参阅了一些网站和公共图库。由于联系上的困难，我们与部分入选图片的作者未能取得联系，谨致深深的歉意。敬请图片原作者见到本书后，及时与我们联系，以便我们按国家有关规定支付稿酬并赠送样书。

联系邮箱：932389463@qq.com

参考书目

1. 张云风．中华宦官故事．成都：四川人民出版社．2012
2. 史明月．历史上最有争议的太监．北京：金城出版社．2012
3. 王玉德．第三性世界：中国太监考．北京：东方出版社．2012
4. 信修明．太监谈往录．北京：故宫出版社．2010
5. 李嘉郁．天子家奴——宦官．北京：济南：山东教育出版社．2010
6. 张剑峰．太监往事．北京：华文出版社．2009
7. 李鸿渊．宦官．北京：中国社会出版社．2009
8. 孙建华．皇权中的大太监．北京：西苑出版社．2007
9. 余华青．中国宦官制度史．上海：上海人民出版社．2006
10. 李新伟．宦官的历史——中国社会史系列丛书．北京：中国文史出版社．2006
11. 王全成．中国历代宦官大传．北京：长安出版社．2006
12. 崔陟，文正．太监宫女写真：细说中国宫廷生活．北京：中国文史出版社．2006
13. 林京．晚清太监宫女掠影．北京：紫禁城出版社．2002
14. 南琛．太监．北京：光明日报出版社．2002
15. 水田月．中国十大宦官．西安：三秦出版社．1997

中国传统民俗文化丛书

一、古代人物系列（9本）
1. 中国古代乞丐
2. 中国古代道士
3. 中国古代名帝
4. 中国古代名将
5. 中国古代名相
6. 中国古代文人
7. 中国古代高僧
8. 中国古代太监
9. 中国古代侠士

二、古代民俗系列（8本）
1. 中国古代民俗
2. 中国古代玩具
3. 中国古代服饰
4. 中国古代丧葬
5. 中国古代节日
6. 中国古代面具
7. 中国古代祭祀
8. 中国古代剪纸

三、古代收藏系列（16本）
1. 中国古代金银器
2. 中国古代漆器
3. 中国古代藏书
4. 中国古代石雕
5. 中国古代雕刻
6. 中国古代书法
7. 中国古代木雕
8. 中国古代玉器
9. 中国古代青铜器
10. 中国古代瓷器
11. 中国古代钱币
12. 中国古代酒具
13. 中国古代家具
14. 中国古代陶器
15. 中国古代年画
16. 中国古代砖雕

四、古代建筑系列（12本）
1. 中国古代建筑
2. 中国古代城墙
3. 中国古代陵墓
4. 中国古代砖瓦
5. 中国古代桥梁
6. 中国古塔
7. 中国古镇
8. 中国古代楼阁
9. 中国古都
10. 中国古代长城
11. 中国古代宫殿
12. 中国古代寺庙

五、古代科学技术系列（14本）
1. 中国古代科技
2. 中国古代农业
3. 中国古代水利
4. 中国古代医学
5. 中国古代版画
6. 中国古代养殖
7. 中国古代船舶
8. 中国古代兵器
9. 中国古代纺织与印染
10. 中国古代农具
11. 中国古代园艺
12. 中国古代天文历法
13. 中国古代印刷
14. 中国古代地理

六、古代政治经济制度系列（13本）
1. 中国古代经济
2. 中国古代科举
3. 中国古代邮驿
4. 中国古代赋税
5. 中国古代关隘
6. 中国古代交通
7. 中国古代商号
8. 中国古代官制
9. 中国古代航海
10. 中国古代贸易
11. 中国古代军队
12. 中国古代法律
13. 中国古代战争

七、古代文化系列（17本）
1. 中国古代婚姻
2. 中国古代武术
3. 中国古代城市
4. 中国古代教育
5. 中国古代家训
6. 中国古代书院
7. 中国古代典籍
8. 中国古代石窟
9. 中国古代战场
10. 中国古代礼仪
11. 中国古村落
12. 中国古代体育
13. 中国古代姓氏
14. 中国古代文房四宝
15. 中国古代饮食
16. 中国古代娱乐
17. 中国古代兵书

八、古代艺术系列（11本）
1. 中国古代艺术
2. 中国古代戏曲
3. 中国古代绘画
4. 中国古代音乐
5. 中国古代文学
6. 中国古代乐器
7. 中国古代刺绣
8. 中国古代碑刻
9. 中国古代舞蹈
10. 中国古代篆刻
11. 中国古代杂技